JN410879

세 개의 장독과
휘어진 나무

세 개의 장독과 휘어진 나무

초판 1쇄 인쇄일 2020년 10월 5일
초판 1쇄 발행일 2020년 10월 12일

엮은이 김옥성
펴낸이 양옥매
디자인 임홍순 임진형
교 정 조준경

펴낸곳 도서출판 책과나무
출판등록 제2012-000376
주소 서울특별시 마포구 방울내로 79 이노빌딩 302호
대표전화 02.372.1537 **팩스** 02.372.1538
이메일 booknamu2007@naver.com
홈페이지 www.booknamu.com
ISBN 979-11-5776-943-8(03800)

이 도서의 국립중앙도서관 출판시도서목록(CIP)은 서지정보유통지원 시스템
홈페이지(http://seoji.nl.go.kr)와 국가자료공동목록시스템
(http://www.nl.go.kr/kolisnet)에서 이용하실 수 있습니다.
(CIP제어번호 : CIP2020040283)

세 개의 장독과
휘어진 나무

• 김옥성 에세이 •

책과나무

책을 내고 싶은 마음

어느 날, 매점에서 물건들을 정리한 후 시간의 여유로움이 생겼습니다. 우연히 갑자기 메모지에 뭔가를 끄적이고 싶은 충동이 일었습니다. 글을 쓸 만한 영감이 떠올라 그때부터 일상의 생활들을 기록하게 되었습니다.

사실 이렇게 책을 낼 거라고는 생각도 못 했습니다. 이제껏 일기를 썼던 적도 없었는데 제 생활에서 일어나는 특별한 그날들의 이야기를 적다 보니, 어느새 많은 습작이 되어 있었습니다.

쓰고 보니 제가 살아온 일생이 들여다보여 새삼 신기했습니다. 잊은 듯하다가 또다시 한 번 읽어 보니 가족들의 이야기도 친구들의 이야기도 하느님의 이야기도, 지나고 보니 제가 하는 일도 꽤 많았네요. 열심히 살았다는 증거이기도 하고요.

이대로 묻어 두기엔 아쉬운 것 같아 책을 내보기로 생각을 했는데, 방법을 몰라 사오 년을 그냥 흘려보냈습니다. 이러다

간 얼마 남지 않은 인생 끝날 때까지 세상의 빛을 못 보겠구나 생각하여 조심스럽게 출판사 문을 두드렸습니다.

제 삶의 여정을 수필로 엮어 문학의 길로 들어서 보기로 결심한 것입니다. 그날그날의 심정을 엮어 삶의 희로애락이 담긴 이 책이 출판되는 날까지 콩닥콩닥 뛰는 가슴을 안고 소박한 마음으로 기다려 봅니다.

2020년 10월

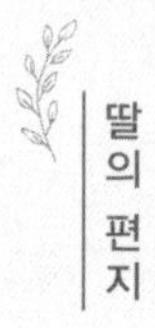

딸의 편지

사랑하는 엄마에게

언제 읽을지 모르지만

언젠가 읽을 엄마를 위해서 못난 딸이 씁니다.

우연히, 아주 우연히 엄마가 쓴 글을 봤어요. 문자들을 꼼꼼히 정리해 놓은 걸 보면서 웃음도 났고, 소피아 아주머니에게 쓴 편지를 보며 눈물도 조금 흘렸네요.

아빠를 위한 글들은 차마….

너무 마음이 아파 올까 읽지 못했어요. 사실 한 번도 아빠를 생각하며 펑펑 울어 본 일이 없어요.

내가 삼수를 할 때 아빠가 돌아가셨죠. 생각도 못한 일이었는데…. 정말 산 사람은 어떻게든 살아간다고, 장례식이 끝나고 다시 학원으로 돌아갔지요.

며칠 후 밤 12시가 다되어 학원에서 끝나고 벽산 아파트 길을 따라 집으로 걸어가는데 아빠 생각이 문득 났어요. 참을 수 없는 슬픔으로 갑자기 눈물이 거침없이 쏟아지는데…. 정말 이대로 울어 버리면 다시는 멈출 수 없을 것 같았어요. 그래서 나오는 눈물을 꾹 참고는,

'대학을 가는 그날까지 절대로 아빠를 생각하며 울지 말자. 아빠가 원하는 대로 대학을 가고 그 이후에 울자. 이 모습을 아빠는 더 원할 거야.'

라고 생각하며 참았어요. 흐르는 눈물을 닦고 엉엉 소리를 삼켜 가며 눈물을 참았습니다. 그렇게 1년을 보내고 대학을 갔어요. 아빠가 원하는 대학은 아니었지만 그래도 서울에 있는 4년제에 가게 되어 마음은 편했어요.

대학에 입학하게 되면 아빠 생각을 하며 마음 편히 펑펑 울 수 있을 것 같았는데…. 이젠 울지 않아도 아빠를 생각할 수 있게 되더라고요. 아빠랑 있었던 일들을 떠올리며 행복해하고 따뜻한 마음을 느낄 수 있었어요.

그래도 가끔은 아빠가 계셨으면 정말 좋았을 거란 안타까운 마음에 가끔 눈물이 나곤 하지만, 더 꿋꿋하게 버티고 있는 엄마를 생각하며 다시금 마음을 다잡아요.

'내가 엄마였다면 이렇게 밝고 힘차게 살아갈 수 있었을까?

엄마는 정말 하느님의 힘으로 저렇게 강하게 살아갈 수 있는 걸까?'

지금까지 엄마를 바라보며 이런저런 생각이 많이 들었어요. 한 번쯤은 힘들다고 할 수도 있을 텐데….

우리에게 다른 엄마들처럼 투정도 부릴 수 있을 텐데….

한 번도 그런 모습을 보여 준 적 없는 언제나 한결같은 우리 엄마. 아빠의 역할까지도 해 주는 우리 엄마. 정말 감사해요.

엄마가 투정을 부리지 않아서 감사한 거냐고요? 아니요. 이렇게 항상 곁에 있어 줘서, 우리가 아직 못 다한 효도를 할 수 있게 항상 곁에 있어 줘서 너무 감사하다고요.

직장 생활도 얼마 못 하고 시집가 버린 딸이라 엄마에게 용돈도 많이 못 드렸고 시집가서 잘해 드린다 하면서도 항상 말뿐인 못난 딸이라 더더욱 죄송해요.

그래도 나의 정신적인 지주, 내가 진심으로 존경하는 사람… 그게 엄마라는 거 알죠? 조금만 기다려요~ 우리 여행도 많이 다니고 맛있는 것도 많이 먹자!

엄마·아빠 결혼기념일이 6월 12일인 거 알아. 매년 기억해. 그런데 언제부터인가 안 챙겨 줬지? 몇 년 전이던가, 대중 오빠에게 오늘 엄마·아빠 결혼기념일이니깐 케이크라도 사서 촛불 켜자고 했더니 오빠가 말하기를,

"엄마가 더 속상해하시진 않을까?"

아빠 생각에 더 마음 아파하시면 어떡할지 걱정을 하더라고요. 그 말도 맞는 것 같아 그때부터 조용히 넘어갔어요.

우리 생각이 짧았나 봐. 내년부턴 엄마·아빠 위해서 꼭 챙길게!

엄마가 이제야 밤마다 뭘 하느라 새벽까지 컴퓨터 앞에 앉아 있는지 알겠어! 지금 엄마는 사랑이를 안고 있고, 나보고 자꾸만 애기 젖먹이라고 칭얼댄다고 빨리 나오라고 하네. 오늘은 여기까지 쓸게.

사랑이 낳고 몸조리하면서 엄마와 할머니와 함께 보낸 100여 일. 너무 행복했어요.

말로 다 못 할 만큼 감사해요! 엄마, 정말로 사랑해~♡

#추신: 어느 날, 제 글 속에 숨어 있던 딸이 쓴 글을 읽으면서 뭉클했었던 마음이었기에, 이 엄마를 격려하는 차원에서 첫 작품이 되는 이 자리에 실어 보았습니다.

차례

2부 눈의 요정과 동화 나라

3부 라갠 키카킥 키카킥

4부 이제부터 칠십 킬로

5부 한 줌의 재로

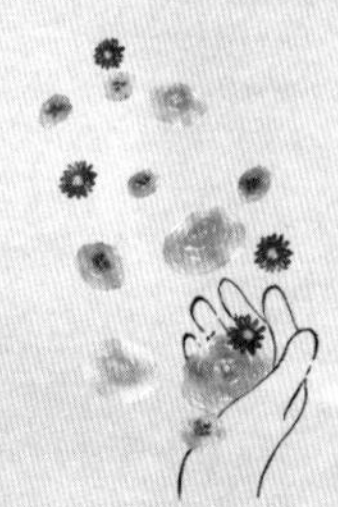

아침 햇살을 찬란하게 받으며 조그맣게
활짝 핀 노란 꽃들이 눈부시게 방긋방긋 웃고 있었습니다
그동안 관심 없이 봐 왔던 나무였는데
꽃을 피우니 산수유였습니다

1부 / 세 개의 장독과 휘어진 나무

노오란
개나리 꽃

"어? 엄마, 개나리꽃이 폈네요."

"그러게~!"

"매년 보면 죽은 것 같은데 꽃은 제일 먼저 펴요. 저 담벼락 구석에서 햇볕도 없는데 사는 거 보면 참 신기해. 햇빛도 못 받아 크지도 못하면서 꽃핀 거 보면 봄은 봄이네."

"노오란 꽃 색깔이 참 예쁘다."

금요일 아침 아홉 시쯤 엄마와 아파트 길을 지나는데 독서실 담벼락 정원 한 귀퉁이에 보잘것없이 가냘프게 뻗은 개나리 나무 한 그루에 노란 꽃 몇 송이가 활짝 피어 있습니다.

높은 담 밑에서 햇볕도 제대로 받지 못해 크지도 못하는 못난 개나리 나무는 매년 제일 먼저 노란 꽃을 틔워 아파트에 봄을 알려 줍니다.

엄청이나 추웠던 한파에 시달려 한겨울 죽은 듯하더니 살랑살랑 봄바람 맞으며 어느새 꿋꿋하게 생기 돋아 꽃을 피워 살아 있음을 보여 주었습니다.

올겨울 유난히 추웠던 동장군도 어디론가 가 버렸고, 어디선가 봄이 오는 소리에 나무들이 바쁘게 꽃을 틔우고 새싹들을 움트려고 합니다.

우리는 춥다고 옷깃을 여미며 움츠리고 다니지만, 개나리꽃은 노랗게 피고 목련나무의 꽃 몽우리는 점점 커져 가고 있습니다.

만물이 꿈틀거리는 새로운 봄을 맞이하였으니 마음도 예쁜 꽃을 피우고 삶도 예쁘게 가꾸어 아름다운 저만의 세상을 준비해 보렵니다.

세 개의 장독과 휘어진 나무

아파트 입구를 조금만 들어가다 보면 길가 한쪽에 조경으로 만들어진 곳에 아주 커다란 장독 세 개가 있습니다.

높은 아파트 건물 아래 삭막한 아스팔트길을 지날 때마다 늘 마주치는 작은 정원입니다. 시골에만 있을 법한 배불뚝이 큰 장독들은 잠시나마 삭막한 아파트를 지나는 사람의 마음을 정겹게 해 줍니다.

장독대 옆에는 키가 크지는 않지만 굵기로 봐서 오랜 세월을 지내며 세파에 지친 것 같은 기역자 형태로 길게 휘어진 약간 굵은 나무가 제 눈길을 끌었습니다. 겨울이라 꽃이 없으니 저 나무는 죽은 걸까, 무슨 나무일까, 죽은 나무를 왜 그냥 놔두었을까 갑자기 궁금해졌습니다.

그 옆으로는 어르신들이 정겹게 소담을 나눌 수 있도록 그늘진 정자도 있어 아파트의 삭막함을 숨겨 줍니다.

정겨운 장독들과 함께 나름 멋있게 휘어진 나무가 있는 곳은 비밀의 화원 같은 운치도 있습니다.

기사님들이 차를 세워 놓고는 돌담 울타리에 걸터앉아 커피 한 잔 마시면서 잠시 쉬어 가는 곳이기도 하고, 장바구니 들고 가시다가 힘들면 울타리에 올려놓고 한숨 돌리기도 합니다.

못생기게 휘어진 앙상한 나무와 세 개의 투박한 장독대가 잘 어우러진 곳에는, 겨울의 은빛 햇살이 눈부시게 쫙 내려와 한층 더 고조된 아름다움을 이야기합니다.

"어머나~ 개나리꽃이 피었네!"

며칠 전엔 그늘진 담 밑에서 보잘것없던 개나리가 꽃을 활짝 피어 제 눈길을 끌었습니다.

"우와~ 죽은 것 같은 저 나무도 살아서 꽃을 피었네!"

오늘은 아침 햇살을 찬란하게 받으며 조그맣게 활짝 핀 노란 꽃들이 눈부시게 방긋방긋 웃고 있었습니다. 그동안 관심 없이 봐 왔던 나무였는데 꽃을 피우니 산수유였습니다.

세 개의 투박한 장독대와 잘 어우러졌던 못생기게 휘어진 앙상한 나무가 죽었는지 살았는지 겨우내 궁금했었는데, 꽃 중에 봄을 제일 먼저 알리는 산수유였다니….

눈부시도록 봄 햇살 가득 받아 죽었던 나무에서 잎도 없이 누런 작은 꽃망울들이 먼저 톡톡 터져 나와 만개되어 활짝 웃고 있습니다. 봄 햇살의 숨결이 죽은 것 같던 나무에 꽃을 틔워 주었습니다.

길가의 키 큰 나무들도 아직 꽃망울을 맺지 못하고 있는데, 하늘과 가까운 키 큰 나무라고 먼저 꽃을 피우는 것도 아닌가 봅니다.

보잘것없는 작은 나무라도 아침 이슬 머금으며 생명의 햇살을 가득 받아 꽃을 피운 걸 보면, 만물의 신비는 참 조화로운 것 같습니다.

황금색
은행나무

시어머님을 뵈러 과천으로 가는 길에 남태령을 지나갑니다. 차도 한가운데 은행나무들과 양쪽 차도의 은행나무들이 아름드리 쭉쭉 뻗어 멋지게 서 있습니다.

위의 잎들부터 울긋불긋 단풍이 들기 시작하는 나무들 중에도 유독 가운데 차도에서 샛노란 황금색의 은행나무 한 그루가 눈에 띄었습니다. 이 은행나무는 위에서 아래까지 전체의 잎들이 황금색으로 물들어 있어서 감탄하리만큼 눈에 확 들어옵니다.

날씨도 청명하게 좋아서 햇빛까지 비추고 있으니, 황금 같은 은행잎이 더욱 눈부시도록 반짝이며 사금처럼 발하고 있습니다. 아마도 일부로 색칠을 한다 해도 이런 아름다운 모습은 나타나지 않을 자연의 섭리일 겁니다.

하느님께서 색칠하신 단풍들의 모습은 갖가지 아름다운 색깔로 변해 가면서 많은 사람들의 마음을 설레게 합니다. 지나가는 차 안에서 뒤를 돌아보면서까지 그 황금 은행나무를 한없이 바라보았습니다.

'황금빛의 황홀한 은행잎은 어찌 저리 고울까?'

그 옆으로는 다른 은행나무들도 많건만, 오로지 그 한 그루의 은행나무만이 햇살의 축복을 듬뿍 받아 황금색을 띠며 사람들의 눈길을 끌고 있으니 선택받은 나무라 생각됩니다.

많고 많은 사람들 중에서 하느님에게 선택받은 나이기를 바라면서 황금 은행나무처럼 아름다움을 발산하며 살아 보고 싶습니다.

낙엽 밟는 소리

은행나무 밑에는 황금색 노란 낙엽이 수북이 쌓여 황금 바닥으로 눈부십니다.

벚꽃나무 밑에는 붉어 가는 갈색으로 마르지 않은 낙엽 되어 사방으로 흩날려 있어 울긋불긋합니다.

단풍나무 밑에는 예쁘게 물들은 빨간 낙엽들이 나뒹굴며 바스락거립니다.

흩어져 있는 떡갈나무 마른 갈색 낙엽들의 바스락거리는 소리에 귀 기울여 봅니다.

여기저기 수북이 쌓인 낙엽들을 밟으니 폭신함이 온몸으로 느껴집니다.

"시몬, 너는 아느냐. 낙엽 밟는 소리를…."

가을이면 구르몽의 시를 열심히 외워 창경궁·덕수궁의 낙엽을 찾아 밟으며 설레는 감성에 젖어 다녔던 여고 시절이 있었습니다.

빨리 숙녀가 되고파 날짜가 빨리 지나가기를 안달했던 여고 시절은 이젠 머언 옛날 얘기지요. 빨리 어른이 되고 싶었던 그 옛날 여고 시절을 생각나게 하는 시월의 마지막 남은 오늘.

설레는 마음으로 붉다만 마른 낙엽 한 장 주운 것을 수첩에 꽂아 봅니다. 이제 몇 시간만 지나면 또 한 장의 달력이 찢겨져 나갑니다.

지나가는 아가씨들 미니스커트의 상큼한 젊음을 볼 때면 제게도 저렇게 싱싱했던 시절이 있었는데, 지금은 낙엽을 보면서 설레는 감성은커녕 세월의 무상함을 느끼며 쓸쓸함을 금치 못하고 있습니다.

매년 새 생명의 잎이 파랗게 돋을 때는 희망에 솟구치다가도 가을이면 힘없이 나뒹구는 낙엽을 보면서 육십일 킬로로 달리고 있는 인생의 허무함에 서글퍼지지요. 이제는 세월이 지나가는 뼈저림에 온몸이 시려 옴을 안타까워하고 있는 나이가 되었습니다.

세월 따라 자연스럽게 흐르는 모습으로 저에게 있어 이미 싱그러운 젊음의 향기는 저 멀리 사라졌지만, 지긋한 연륜의 은은한 향기만이라도 간직하여 '잘 살았다'라는 말이라도 남기고 싶습니다.

봄은 여자의 계절이고 가을은 남자의 계절이라는데, 달력이 찢겨질 때마다 가을이 오면 왜 뒤숭숭해지는 걸까요? 십 년만 되돌릴 수 있다면 좋으련만….

하긴, 되돌렸다면 뭐 뾰족한 수라도 있을까나?

그 아름답고 화려했던

아파트 내의 가로수 밑에는 낙엽이 쌓일 새 없이 관리인들이 수시로 깨끗하게 쓸어버립니다. 가을의 정취를 느껴 볼 새도 없도록 예쁜 낙엽을 말끔히 치워 버려서 조금은 아쉬움이 남습니다.

다행인 것은 아파트 동마다 분위기 있는 예쁜 오솔길이 있다는 겁니다. 그 오솔길에는 낙엽이 우수수 떨어진 그대로 사람들 발에 치이고 밟히며 가을의 정취를 물씬 느낄 수 있게 해 줍니다.

떡갈나무, 단풍나무, 은행나무, 벚꽃나무…. 노란낙엽, 갈색낙엽, 붉은 낙엽, 붉다만 낙엽, 푸른 낙엽, 샛노란 낙엽, 누리끼리한 낙엽….

표현할 수 없는 다양한 색깔과 다양한 모양의 크고 작은 낙엽들이 떨어져 있어 오솔길을 더욱 운치 있도록 낭만의 아름다움으로 꾸며 주고 있습니다.

그래서 요즘에는 일부러 계단으로 되어 있는 오솔길로 다니고 있습니다. 환상적으로 채색된 나무들이 많아 싱그러움을 느낄 수 있어 좋습니다. 예쁜 낙엽도 많이 떨어져 있어 한결 분위기 좋은 작은 숲속의 오솔길이기에 거니는 마음도 낙엽처럼 푸근합니다.

어느 땐 일부러 오솔길 바위에 앉아서 향기로 가득한 바람을 맞으며 친구와 전화를 하기도 합니다. 정자의 벤치도 있지만 오솔길 바위에 앉아서 노닥거리는 분위기가 아름다움을 끄집어낼 수 있는 낭만이 더 좋습니다.

누구나 한 번쯤은 센티해지고 싶은 마음이 있을 때, 우리 아파트의 오솔길을 들어와 보시면 비록 짧은 길이지만 잠시나마 깊은 숲속 분위기의 낭만을 맛볼 수 있답니다.

유난히 예쁜 낙엽이 눈에 띄면 허리 굽혀 집어 들고 '책갈피에 꽂아야지' 하면서 조심스럽게 주워 갖고 옵니다.

이렇게 예쁜 오솔길의 우직한 돌계단을 걷다 보면, 잊고 지냈던 45년 전의 싱그럽던 꿈 많던 여중·고 시절이 생각나기에 그 시절의 그리움이 애잔하게 가슴으로 스며들어 오지요. 명동성당 안쪽에 있는 중학교 다니던 그 시절에 교정에서 찍은 많은 사진들도 추억으로 빛바래 있네요.

지금은 그저 평범한 가정주부로 영글어 가고 있습니다. 어느새 팔십 넘으신 친정엄마 모시고, 아들 며느리와 딸 사위와 함께 행복한 가정을 이끌어 가고 있는 환갑의 내무부장관이 되어 있습니다.

지금은 세 살배기 예쁜 외손녀 비아가 기쁨을 주고 있습니다. 일월이면 작은 외손녀가 태어나고 이월이면 친손녀가 태어나 할머니라는 닉네임이 찰싹 붙어 다니게 되었습니다.

그럴지언정 오솔길의 예쁜 낙엽들이 저의 마음을 흔들어 놓으니, 오늘은 학창 시절의 그 아름답고 화려했던 가을의 정취를 되돌아보며 단꿈에 젖습니다.

태풍이 지나간 자리

오늘 오후 두 시부터 세 시 사이에 태풍이 서울을 지나간다고 합니다. 아침부터 방송을 보고 있는데 각 지방마다 태풍 피해가 속출되고 있습니다.

올여름 가족휴가 때 아름답게만 보았던 제주의 푸른 바다가 무섭게 휘몰아치고 있습니다.

불과 한 달 전만 해도 우리 대박 가족들은 저 바다의 아름다움을 만끽하면서 신나게 수영을 하고 놀았었습니다. 태풍의 위력으로 무섭게 돌변한 거센 파도가 바위를 마구 치고 있으니 참으로 몸서리가 쳐집니다.

인간도 어떻게 해 볼 도리가 없는 자연재해는 허리케인 때도 매미 때도 태풍의 아픔을 잊을 만하면 또다시 상기시켜 줍니다.

이번 태풍 역시나 그 누구를 원망할 수도 없는 자연재해이긴 하나 속수무책으로 당하고 있는 안타까움에 마음이 너무나 아파옵니다.

파도가 넘치지 못하도록 커다란 돌들로 방파제를 만들었으나 인간이 만든 그 위대한 방파제를 무참히 무너뜨린 거센 파도는 아파트의 삼 층 높이로 힘차게 치솟아 오른답니다. 또한 아주 거대한 선박이 두 동강이로 나자빠져 있는 모습은 참으로 나약해 보였으니 허망 그 자체였습니다. 중국어선 두 대가 침몰하여 제주도까지 밀려왔습니다. 볼라벤의 폭풍을 헤치고 죽음을 무릅쓴 우리 해경들의 구출 작전 덕분에 구사일생으로 산 사람도 있었지만 죽은 사람과 실종된 사람들도 있었습니다.

엊그젠 골프장의 구조물이 무너지고, 오래된 국보급 나무가 뽑히고 산사태가 나고, 비닐하우스가 힘없이 쓰러지고 집안으로 물이 들어차고, 자동차들이 물에 잠겨 둥둥 떠다니고, 수확을 앞둔 과실수가 후루룩 떨어지는 등 전국이 엄청난 피해를 입었습니다.

오늘 또다시 덴빈이란 태풍이 비를 동반하고 온다는데 얼마나 더 많은 피해를 주고 갈 것인지는 아무도 예측할 수가 없답니다.

태풍의 수마가 지나간 자리를 복구하여 새로운 터전을 마련하여 잊어버리고 살다 보면 또다시 아픔을 재현해야 하는 우리들의 삶이 반복되고 있습니다. 싹쓸이 태풍들은 만물의 영장이라는 인간들의 인내를 시험하는 것 같습니다.

하늘에서 열대성 기후와 한대성 기후가 강하게 충돌하여 일어나는 태풍이 비구름을 동반하여 싹쓸이하는 데는 어찌할 수가 없나 봅니다.

〈정글의 법칙〉에서 본 북극의 땅끝 마을엔 밤이 되어도 해가 지지 않고 중천에 떠 있습니다. 온통 빙산의 얼음으로 하얗게 덮여 있어야 할 바다가 온대성 기후로 인해 모두 녹아 버려서 출렁이는 바다가 되어 있었습니다. 남극 북극의 얼음이 점점 녹아 가면서 바닷물이 점점 차오르고 있답니다.

특히나 올여름은 너무 더워서 물에도 파란 이끼들이 생겨 생물들을 죽이고 있습니다. 지진으로, 열대야로, 장마로, 태풍으로 겪는 자연재해는 참혹하리만큼 지구촌을 괴롭히고 있습니다.

장병들이나 예비군들이 곳곳마다 피해 입은 가옥들과 비닐하우스를 세우며 복구에 힘쓰고 있는 모습에, 보는 이들로 하여금 눈시울 적시며 가슴 찡한 미소를 짓게 합니다.

이제 한 달 후면 추석 한가위입니다. 하루 빨리 복구되어 즐거운 추석 명절을 지낼 수 있기를 바랍니다.

언덕 위의 우리 집

심호흡을 하면서 우리 아파트의 오르막길을 걸어갑니다. 여름내 땀 흘리면서 헉헉거리며 늘 다니던 길었습니다.

이제는 하늘이 높고 가을바람이 소슬하게 불어오는 이 언덕길이 아름다운 단풍잎들의 축제로 제 발걸음을 가볍게 해 주네요.

언덕 위의 하얀 집은 아니더라도 젤 높은 언덕을 오르면 높지 않은 산자락 밑에 저의 안식처가 기다립니다.

일부러 아파트 옆으로 나 있는 아담한 오솔길을 따라 걸어가 보면 작은 산속에 들어와 있는 기분을 느낄 수 있습니다. 우리 아파트의 조경은 참 예쁘답니다.

그래서 많은 곳을 다니시는 눈 높으신 기사님들도 우리 아파트에 들어오시면 제법 잘 조성되어 있는 조경에 감탄하시곤 합니다.

봄이면 눈같이 하얀 벚꽃들이 만발하고, 여름이면 푸르른 나뭇잎들이 출렁거리고, 가을이면 여러 가지 단풍잎들이 축제를 열고, 겨울이면 앙상한 가지에 눈이 덮여 아름다운 설경을 자랑하고 있답니다.

언덕을 오르기엔 힘이 들지만 산이나 둘레길 걷는다는 마음으로 서서히 가슴을 열고 심호흡하면서 상쾌·통쾌·유쾌한 마음으로 기분 좋게 오르면 정상에 있는 우리 집을 점거할 수 있지요.

북한산에서 제일 높은 상상봉을 생각하며 정상을 향해 오르는 기분으로 오늘도 이마에 송골송골 맺히는 땀방울을 닦으며 '헉헉!'대며 오릅니다.

하늘과 가까운 언덕 위의 아파트인 내 집을 향하여 오늘도 오솔길을 따라 나무 냄새 맡으며 올라갑니다.

나무를 타고 올라가는 담쟁이넝쿨의 예쁜 단풍을 보면서 말입니다.

화려한
단풍의 계절

동창생과 차를 타고 집을 가다가 길을 잘못 든 김에 가까운 4·19탑 공원으로 향했습니다. 가을 단풍들이 낙엽 되어 한 잎 두 잎 떨어져 바닥에 흩어져 곳곳에 첩첩이 쌓여 있네요.

올여름은 워낙 무더위가 기승을 부리던 터라 가을이 오려면 아직 멀었거니 하고 있었습니다. 그런데 비 한번 내리더니 가을이 성큼 다가와 초록 나뭇잎은 예쁜 색깔이 물들기도 전에 우수수 비바람에 날려 떨어졌습니다.

그래도 튼튼하게 매달려 있는 나뭇잎은 예쁜 색으로 물들어 환상의 단풍이 되어 곳곳마다 너무도 아름다운 풍경을 그려 내고 있습니다.

은행나무 거리엔 샛노란 은행잎들이 햇빛에 반짝거려 황금색 하늘을 이루었습니다. 바닥에 떨어져 쌓여 있는 노란낙엽은 사람들 발길에 채일 때마다 저만큼 날아가는 즐거움을 주고 있습니다.

나무 위에서 새소리가 시끄럽게 나기에 올려다봤습니다. 감나무 높은 곳에 몇 개의 감이 달려 있는데, 까치들이 톡톡톡 감을 쪼아 먹은 자리엔 구멍이 뻥 뚫려 있었습니다. 새들의 먹이를 위해서 감을 남겨 둔다더니 정말 새가 감을 쪼아 먹는 모습을 처음으로 볼 수 있어 신기했습니다.

떨어져 바스락거리는 낙엽들을 보면 왠지 서글퍼지려는 마음에 잠시 눈을 감아 보았습니다. 아름다운 낙엽에 대한 환상을 버리지 못하고 심호흡을 들이키며 다시금 실눈을 뜨고 낙엽의 아름다움을 훔쳐봅니다.

낙엽을 통해 시간을 되돌려 젊은 시절의 풋풋하고 순수한 감성으로 소녀의 마음 되어 보기도 했지요.

북한산 하늘 아래 오색 물감을 풀어 놓은 듯, 단풍의 절정은 아름다움의 극치였습니다. 불타는 빨간 단풍. 황금색의 은행잎, 푸르름으로 절개를 지닌 소나무, 주황색으로 물든 형형색색의 단풍들은 하, 정말 멋있습니다. 매년 아름다운 단풍에 현옥 되면서도 은빛으로 한들거리는 억새풀, 갈색의 떡갈나무들…. 떨어지는 낙엽을 볼 때마다,

'내 젊은 시절 돌려줘요!'

언제나 마음은 젊은 시절이 그리워 절절하건만, 여고 시절이면 뭐하고 소녀 시절이면 뭐하나요. 항상 소녀이고 싶은 감성이 내 안에 머물고 있다 해도, 육신은 나이를 속일 수가 없다는 것을 알기에 그리워한들 다 부질없는 것임을….

함께 걷고 있는 동창생 모르게, 가는 세월 잡을 수 없음을 아쉬워하며 잠시나마 저 혼자 우수에 젖어 보았습니다.

꽃피는 사월은 여행의 계절

제게 있어 금년 꽃피는 4월은 많은 여행 일정들이 잡힌 몹시도 바쁜 달입니다.

첫째 주 1일부터 4일까지는, 여고 동창 네 명이서 홍콩으로 마카오로 3박 4일의 해외 일정을 잡았고요.

둘째 주 10일엔 견진 친구들과 경주 불국사 보문단지로 벚꽃 나들이가 잡혔습니다.

셋째 주 15일부터 17일까지는 효도 여행으로 동서인 우중 엄마와 함께 시어머님이신 왕순임 여사님과 저의 친정 엄마를 모시고 숙소도 정하지 않고 발길 닿는 대로 강원도로 일정을 잡았고요.

넷째 주 18일은 구청 주최로 4·19전야제를 위하여 419명이 모여 하는 풍물 공연이 잡혀 있습니다.

그리고 19일부터 21일까지 2박 3일로 우리 가족 여행이 충무 여수 통영 쪽으로 잡혔지요.

마지막 주 주말엔 성당의 밀알 팀들이 위도 바닷가로 여행 일정을 잡았답니다.

제 자신이 생각해도 바쁘게 살아가는 대단한 체력입니다. 이놈의 인기는 멈추질 않는답니다!

3월엔 사순절 막바지부터 성지 주일의 꽃꽂이를 해야 합니다. 다행히 성삼일로 성목요일, 성금요일 꽃꽂이는 안나와 소화데레사가 하기로 했으니 망부활절의 화려한 꽃꽂이만 저의 손길을 기다리고 있답니다.

3월 후반엔 잠시나마 성당에서 꽃꽂이와 전례로 바쁜 시간을 보내게 되지만, 반면에 4월엔 즐거운 여행으로 마음의 여유를 부려 볼 참입니다.

봄의 기운이 도는 아파트 정원을 걷노라면 잎들도 없는 갖가지 나무들이 새잎을 기다리며 우뚝 서 있는 모습이 보입니다. 그런데 공작단풍 나뭇가지만은 바싹 마른 묵은 잎들이 아직까지 대롱대롱 달려 있어 을씨년스럽습니다.

엇그제 내린 봄비로 메말랐던 앙상한 산수유나무 가지에서는 벌써 노란 꽃망울들이 톡톡 터지고 있어 언제나 봄을 알리는 첫 번째 꽃이 되어 있습니다. 좀 있으면 샛노란 개나리꽃이 피어나 한들거리며 거리를 노랗게 물들이고 하얀 목련이 비단 털옷을 벗어 버리고 꽃의 아름다운 극치를 보여 주겠지요.

가로수에 서 있는 벚꽃 나뭇가지에선 꽃 몽우리가 제법 통통해져 있습니다. 이제 사월이면 물오른 벚꽃이 활짝 만개하여 봄바람이 불어치면 꽃잎이 후루룩 떨어져 날리면서 아름다운 여름 눈꽃이 되어 사방으로 흩어질 때, 보는 이들의 눈길을 황홀하게 만들어 줄 겁니다.

그러다 보면 여러 가지 예쁜 색깔들로 옷을 차려입은 연산홍 철쭉꽃들이 보는 사람의 마음을 흔들어 놓겠지요. 꽃향기로 부르는 소리에 어디건 달려가고 싶어지는 사람들의 마음을 꽃들은 압니다. 환상적인 꽃들의 향연에 많은 사람들이 나들이를 재촉하는 거랍니다.

꽃들과 함께하고픈 마음들은 누구나 같을 테지요. 그래서 꽃피는 사월은 마음을 들뜨게 하는 여행의 계절이기도 하고요.

친구들과 시어머님, 친정 가족들과 성당 친구들과의 나들이들도 꽃들의 향연에 동참하고파 일정을 잡아 놓고 손꼽으며 설레는 마음으로 기다리고 있답니다.

'야호~!'

올해 첫 폭우와 슈퍼문

오후가 되면서 바람이 불며 슬금슬금 어두워지기 시작하더니, 저녁이 되자 벼락과 천둥이 치며 억수 같은 장대비가 쏟아졌습니다. 할롱이라는 태풍이 일본 열도를 지나 동해 먼바다로 빠져나간다는데 그 여파로 전국에는 물론 서울 지역에도 엄청난 폭우가 쏟아졌습니다.

그 시간 저녁미사에 참석한 신자 수를 계수차 세실리아 차를 타고 갔다 왔건만, 차를 탈 때와 내리는 동안 세찬 바람까지 부는 바람에 온몸이 비에 흠뻑 젖어 버렸습니다. 지나가던 사람도 쓰고 가던 우산이 거센 바람에 휘딱 뒤집혀 버렸습니다.

서울에선 올 들어 처음으로 쏟아지는 걷잡을 수 없는 장대비였습니다. 어딘가에 피해만 주지 않는다면 칠팔월의 뜨거운 열기를 식혀 주는 시원한 단비이기도 합니다. 나무들도 아주 오랜만에 시원한 샤워를 했을 겁니다.

그런데 밤이 되면서 언제 폭우가 내렸는지 의심될 정도로 밝은 달빛이 유리창으로 스며들어 와 베란다에 밝은 그림자가 드리워졌기에 신기해서 밖을 내다보았습니다. 이십 층 아파트 꼭대기 사이에 낮게 떠 있는 커다란 둥근 달이 휘영청 환하게 떠서 온 누리를 비추고 있으니 참으로 놀라운 일이었습니다.

'아직은 열한 시 전인데 달이 지금 올라가고 있는 중인가?'

그렇다고 이렇게 낮게 떠 있는 큰 달은 제 생전 처음 보았습니다. 비 온 후라 달의 모습이 너무도 깨끗하고 환하고 아주 선명하도록 낮게 떠 있어 계수나무도 토끼도 보이는 것 같았습니다.

이런 큰 달을 본다는 게 정말 신기했습니다. 그동안 높은 하늘에 떠 있었던 달은 손바닥으로 가리면 안 보였었는데, 오늘 낮게 떠 있는 달은 손바닥으로 가려도 보일 정도로 빛을 발하며 새하얀 보름달이 활짝 웃고 있었습니다.

밤늦게 인터넷뉴스를 보다가 그 달의 정체를 알았습니다. 그 달은 슈퍼문이라는 달이었답니다. 지구와 가장 가까운 거리에 있어 가장 크고 밝게 보이는 보름달을 슈퍼문이라 하는데, 그 달을 운 좋게 제가 본 것입니다.

'우와! 슈퍼문 봤다!'

달력을 보니 오늘이 음력 칠월 십오 일 보름이었습니다.

비 온 후 딸이 동탄에서 방금 찍어 보내 준 사진에는 쌍무지개도 떠 있네요. 시원한 장대비도 맞아 보고 귀한 슈퍼문도 보았으니 좋은 일진으로 오늘 밤은 지나갑니다.

올 장마로 제주에는 백록담에 물이 가득 차도록 비가 많이 왔었답니다. 그런데 서울엔 비 오기를 학수고대하고 있을 정도로 비가 오지를 않았습니다. 나뭇잎들이 메말라 떨어지기도 하고, 땅 위의 작은 화초들은 축 처져 숨도 못 쉬고 쓰러져 있고, 곳곳의 나무들도 태양에 못 이겨 군데군데 푸르른 잎들이 타 버려서 보기 딱하게 매달려 있을 정도였습니다.

이러한 마른장마철을 보내야 하는 사람들도 열대아의 푹푹 찌는 더위에 시달리고 있었습니다. 그런데 저는 더위에 시달리더라도 여름이 길었으면 좋겠습니다. 이 더위가 지나면 가을이 오고 가을이 가면 겨울이 오고 겨울이 가면 또 한 해가 저물어 가기 때문이랍니다.

자연에 순응을 하면서도 빠른 세월 가는 게 너무나 야속하답니다. 작년 이맘때쯤 울 엄마가 돌아가신 여운 때문일까요? 가는 세월에 아쉬움을 많이 느끼고 있습니다.

그러나 오늘 내린 한줄기 소낙비는 메마름을 적시는 달콤한 단비였습니다.

너 죽어 봐라

'휴! 오늘 밤은 왜 이리 더운 거야?'

누웠다가 일어나 목 줄기의 흐르는 땀을 훑어 내고는 다시 누웠습니다.

새벽 두 시건만 눈은 감았으나 머릿속은 말똥말똥. 외로움을 타는 것도 아닌데 워낙 더우니 잠도 오질 않았습니다.

컴컴한 가운데 핸드폰을 열어 고스톱을 치는데 '앵~' 귓전에서 모기 한 마리가 맴돌고 있습니다. 한여름 밤도 아니데 손등이 따끔한 걸 보니 모기한테 한 방 물렸습니다.

창가에 놔둔 전기 모기 채를 허공에 휘두르니 따닥 소리가 납니다.

'너 까불면 이렇게 죽는 거야. 인마.'

모기 채를 머리맡에 놓고 또다시 고스톱을 치는데, 이번엔 팔뚝을 물고 도망갔습니다.

'어? 또 있어?'

모기 채를 휘두르니 따닥, 모기 잡히는 소리는 나는데 귀옆에서는 계속 애앵 애앵 약 올리고 있습니다. 이상한 건, 휘두르는 대로 따닥 소리가 난다는 겁니다.

'모기 채가 고장 났나?'

안 그래도 더워서 짜증나는데, 건전지 한번 건드려 보고는

'너 인마, 이번에 죽어 봐라.'

여름에도 없던 모기 한 마리 때문에 모기 채를 위아래 사방으로 계속 휘둘렀습니다. 진짜 같은 따닥 소리에 사망하셨는지 그 이후 물리지는 않은 걸 보니 건전지 탓이었나 봅니다.

그럭저럭 새벽 세 시, 그나마도 잠이 홀딱 날아가 버렸습니다. 모기와의 싸움에서 이겼지만 늦더위로 목 줄기의 땀을 닦아 내며

'나만 더운 건가? 갱년기가 다시 오나? 잠은 왜 안 오는 거야.'

아하! 그러고 보니 낮에 마신 달콤한 커피 한 잔에 새벽 세시가 되어도 잠이 안 오는 거였습니다.

결국은 아직 치우지 않은 선풍기를 몇 시간 후 자동으로 꺼지도록 예약해 놓고는 자리에 누워 많은 공상을 펼치다가 어

느새 잠들어 버렸답니다.

다음 날 들어 보니 어젯밤이 25년 만에 오는 더위였다고 하네요.

'오호라! 아직 내 몸의 감각은 살아 있네, 살아 있어.'

바다가 그리워지는 여름에

작년엔 장마철이었어도 비가 한 방울도 오지 않았었습니다. 올해는 틈틈이 내려 준 비로 조금은 목마름의 갈증을 적셔 주었지만, 개울에 물이 많지 않을 것을 보면 그래도 아직은 물이 부족합니다.

이제는 장마도 오늘로 끝이랍니다. 어제의 대구 기온은 35도이지만 체감 온도는 37도가 넘었으니 대단한 찜통더위이지요.

밤에는 열대야로 인해 잠을 이루기도 힘들어 뒤척이다 보면 어느새 새벽이 오고 있답니다. 다행인 것은 나이 들면서 몸의 지방이 빠져 버렸는지 생각 외로 에어컨 없이도 선풍기 하나로 더위를 잘 이겨 낼 수 있다는 것이지요.

밖에 나가면 가는 곳마다 시원하니까 걱정 없고요. 집에서는 움직이는 일도 별로 없고 신경 쓰는 일도 별로 없으니 방콕서 찜통 같은 더위와 싸우며 인내를 키우고 있습니다.

시원한 바다가 그리워지는 여름이지만 실버의 길에 들어선 몸과 마음은 선뜻 바다를 향해 나서지를 못하고 있습니다. 그러나 이번에는 용기를 내어 가 보자며 엊그제 사위에게 부탁해서 에버랜드의 캐리비안베이에 갈 수 있는 티켓 석 장을 구했습니다. 몇 년 전에는 레지나가 있을 때 넷이서 함께 가기도 했습니다.

이제 세 명 남은 견진 친구들은 내일모래 화요일에 큰맘 먹고, 아침에 명동서 버스를 타고 캐리비안베이로 떠나 보려고 합니다. 그러면 우리에겐 또 한 조각의 추억이 남을 겁니다.

아들딸이 있어서 좋고 며느리·사위가 있어서 좋습니다. 요즘같이 엄청 빠르게 지나가는 정보시대를 따라갈 수 없습니다. 하여 정보통신은 자식들에게 도움을 받아 의존하며 살아가고 있답니다.

인내심을 키우는 중

올여름 찜통더위를 이겨 보려고 인내를 기르고 있는 제가 대견합니다.

에어컨을 켜면 잠시나마 시원하겠지만, 전깃값을 아낀다기보다는 혼자라는 자리가 에어컨을 안 켜게 만드네요. 에어컨 켜 봤자 차단기 떨어지면 두꺼비집 여는 게 무섭기도 하고요.

아들네가 살림 나가기 전에도, 가족들이 뭉쳐 살 때에도 가족들 다 나가고 나면, 울 엄마 역시 아무리 더워도 에어컨을 틀지 않고 선풍기에 매달려 더위를 달래셨습니다.

외출 나갔다 헐떡거리며 들어오는 제가 에어컨을 틀면서,

"더운데 에어컨 틀고 계시지 그랬어요."

하면 울 엄마 하시는 말씀은 언제나

"혼자 가만히 있으면 선풍기로도 충분해."

아들네와 같이 살 땐 젊은이들이라 그런지 에어컨 없이는 못 살았습니다. 그런데 아들네를 살림 내보내고 나니 저 역시 울 엄마와 똑같아졌습니다. 돈을 떠나서 혼자이기에 에어컨보다는 선풍기에 의존하게 되네요.

이런 저를 보면서 안타까운지 가까이 사는 아들네가 저희 집엔 에어컨을 틀어 놓고 있으니 내려오셔서 시원하게 있으라며 우정 전화를 주었기에 한번은 인사차 내려가서 맛있는 저녁까지 먹고 왔습니다.

그런데 아무리 시원하게 있다 와도 제 집에 오면 덥습니다. 그토록 더워도 제 집이 편하지요.

올해처럼 땡볕으로 삼십육 도와 체감 온도 사십 도를 웃도는 살인적인 찜통더위를 이기면서 선풍기와 친구합니다. 얼음통의 얼음이 남아날 새 없이 얼음물 마시며 더위와도 가까워지려고 인내하며 노력 중입니다.

가까이 아들·며느리가 있어 든든합니다. 때론 이 엄마 걱정해 주는 게 오히려 미안하기도 하지만 그래도 걱정해 주길 바라는 속물이었습니다.

'아들, 며느리야~

엄마를 잊지 않고 생각해 주는 마음 늘 고맙다.'

무리한 산행

코로나19로 인해 일어나는 많은 일들이 제게도 피해로 오고 있습니다. 꽃피는 아름다움을 못 보고 지나가게 되는 겁니다.

봄을 향한 여행이 멈춰졌습니다. 활동이 없어 몸이 무뎌지니 정신도 무료해졌습니다. 모든 일상이 점점 좀비가 되어 가는 듯합니다.

방콕에서의 일상이 무료해지지 않으려고 무진 노력하고 있습니다. 책도 읽고, 배우던 붓글씨도 쓰고, 듣지 않던 신부님들의 강론도 듣고, 오래전부터 써 놓은 글들을 읽어 보며 시간을 보냈습니다.

아침에 친구 연희로부터 전화가 왔습니다. 집에만 있지 말고 뒷산에 갔다 오자며 불러낸 것입니다.

'산행? 사 개월이나 집에 있었는데 갈 수 있을까? 그래, 가까운 둘레길이겠지.'

혼자라면 가지 않겠지만 친구와 간다니 서경대 뒤 계단으로 올라갔습니다. 우리 아파트와 이어 주는 계단을 세어 보며 백사십팔 계단을 오릅니다. 예전엔 거뜬하게 오르던 계단을 오늘은 몇 번을 쉬었다 올라갔네요.

솔샘터널을 중심으로 이쪽은 SK아파트요, 저쪽은 풍림아파트입니다. 둘레길을 걸어 풍림에 사는 친구 집으로 찾아갔습니다. 연희네서 간단히 점심을 먹고는 풍림아파트 옆길을 따라 올라갑니다.

여러 갈래의 데크 계단으로 만들어진 한곳을 따라 올라가니 생태마을이 나옵니다. 오호, 이곳은 꾸리아에서 매년 시월이면 한 번씩 자연보호를 하던 곳이었습니다.

여기에는 운동기구도 있고 책을 읽을 수 있는 정자도 있습니다. 산길 오르는 쪽 소나무 밑에는 싸 온 점심을 먹으며 쉴 수 있는 널찍한 툇마루도 있어 모여 앉아 소담을 즐길 수 있는 장소이기도 합니다.

그물 같은 해먹도 여러 개 있어 한번 누워 봤더니 소슬바람이 위아래로 시원하게 스며듭니다.

아, 여기 같으면 매일 오고 싶어지네요.

이제부터 진짜 산행이 시작되었습니다. 안 걷던 걸음이라 과연 올라갈 수 있으려나 걱정하며 올라가 봅니다.

와- 헉헉거리며 한참을 올라갔습니다. 엉치도 뻐근합니다. 연희에게는 매일 오르는 길이었지만, 제게는 오랜만의 산행입니다. 연희는 가다가 제가 안 보이면 기다려 줍니다.

"생각보다 잘 올라오네. 조금만 더 가자."

"너, 나를 체력 훈련시키는 거니?"

"조금만 더 가면 정말 멋있는 풍경도 많아. 너한테 보여 주고 싶어."

결국 끈기로 친구 뒤를 따라 한참을 오르고 올랐습니다. 헉헉대며 마당바위로 해서 더 올라가서야 높은 산언덕 갈림길에서 쉬었습니다. 산바람이 땀을 식혀 주었습니다.

한곳에서 오십 년을 살았던 우리 집 뒷산이건만 마당바위까지는 제 생전 처음 올라와 봤습니다. 상쾌한 바람이 얼굴을 스치니, 더더욱 감개무량해집니다.

젊었을 땐 산행을 많이 해 봤기에 정상에 올라가면 가슴이 뻥 뚫림을 알고 있습니다. 정말 아주 오랜만에 해 보는 산행이었습니다. 숨을 고르며 이정표를 보니 저리 가면 칼바위로 올라가는 길이요, 요리 가면 범골약수터와 삼성암으로 내려가는 길이었습니다.

더 이상 오르는 산행은 무리가 될 듯싶어 여기서 하산하려고 합니다. 우리는 왔던 길을 되돌아가는 길보다는 다른 길로 하산하기로 마음먹고 범골을 택하여 내려갑니다. 오르는 길엔 자주 쉬었지만 내려가는 길은 자신 있었습니다.

그런데 웬걸, 내려가는 길이 상상 이상으로 어찌나 험한지, 가파른 내리막길의 계단 턱이 높아 엄청 위험한 곳이었습니다. 옆으로 난간으로 이어진 굵은 밧줄에 의지하며 조심조심 내려갑니다.

'얼마나 위험하면 밧줄이 있을까?'

가파르게 경사진 돌계단도 울퉁불퉁하여 다리가 후덜덜 풀려 버립니다. 앞을 봐도 계단 끝이 안 보입니다.

꽤 많이 내려갔건만 이제는 허벅지까지 풀려 버려 발목도 자주 겹질립니다. 사 개월 만에 움직인다는 생각에 두려움이 생기는 걸 보니, 마음도 약해지고 의지도 약해진 조짐이 나타났습니다.

'코로나, 너 때문이야!'

골짜기의 투박한 돌계단을 한없이 조심스레 내려갔더니 드디어 범골약수터가 나왔습니다. 통을 갖고 와 약숫물 받으시는 분들이 계시네요. 운동기구에 잠시 누워서 온몸을 쉬었다 일어났습니다. 연희는 그런 저를 위해 잘 기다려 주었습니다. 동갑내기 여고친구 연희는 산을 잘 탑니다.

범골약수터에서 잠시 숨을 고르고는 다시 산길을 돌고 돌아 내려갑니다. 여기서부터는 좁을 산책로로 되어 있어 가파르진 않습니다. 친구 말대로 옆으로는 계곡 낭떠러지를 끼고 걸어가는 곳이라 아름다운 풍경도 볼 수 있었습니다. 숲속의 산은 풍경도 아름답지만 산 내음의 향기로움이 기분까지 좋아지게 해 주었습니다.

계곡의 산길을 따라 터덜터덜 내려갔더니 아담한 삼성암자가 나왔습니다. 연희가 저에게 보여 주고 싶다던 범골약수터로 내려가는 숲과 삼성암으로 내려가는 숲은 생태계의 자연이 살아 숨 쉬는 숲길이었습니다.

삼성암 뜰에는 사월초파일로 기도하는 등들이 걸려 있어 울긋불긋한 산속의 정겨운 풍경을 엿볼 수 있었습니다.

여기서 또 갈림길이 나왔습니다. 경전철이나 버스 타는 곳으로 내려간다 해도, 둘레길 산으로 올라가도 집으로 가는 거리가 서로 맞먹는다고 하네요. 차라리 암자 옆길을 거슬러 뒷산을 타기로 하고 서서히 산으로 다시 오르기 시작했습니다. 걷는 걸 좋아하는 저로선 힘들지만 오늘의 산행은 탁월한 선택이었습니다. 이미 허벅지와 장단지가 풀리고 발목까지 풀려 버려 온몸은 만신창이가 되었지만, 은근과 끈기로 기를 쓰고 걸었습니다. 사 개월이나 방콕하다가 무리하게 오른 산행이었지만 보람 있었습니다.

'그래도 해냈구나!'

나름 건강도 증명한 시간이었으나, 칠십 하나에 준비운동도 없이 산행을 했다니 미친 짓이었지요. 헉!

'친구야, 고맙다! 오랜만에 체력 단련시켜 줘서.'

계단을 밝혀 주는 초롱 등 앞에서
눈들이 팔랑팔랑 휘날리어
나무들은 벌써 하얀 눈꽃을 피웠습니다
저는 계단 양옆 사철나무 눈꽃 속에
파묻혀 있는 낭만의 요정이었어요

2부 / 눈의 요정과 동화 나라

2월의
마지막 눈인가

2008년을 시작한 지가 엊그제 같건만, 어느새 2월의 마지막 주를 박차고 있는 밤늦은 시간.

쌀쌀한 날씨라서 코트 깃을 세우고 찻집에 들어가니 차가웠던 몸과 마음이 사르르 녹아 한결 따뜻해졌네요. 찻집에 앉아 따끈한 커피 한 잔 마시면서 밖을 내다봅니다.

오후부터 소리 없이 내리기 시작한 눈이 이 시간까지 끊임없이 내리며 온 천지를 하얗게 뒤덮고 있습니다.

바람은 휘잉휘잉 휘파람 소리 내어 알리고, 비는 툭 툭 툭 떨어지며 소리 내어 알리건만, 눈은 소리도 없이 아무도 모르게 사알짝 내려옵니다.

해맑은 수줍음 때문일까요? 아니면 부끄부끄 부끄럼 때문일까요? 세상에서 제일 깨끗한 모습으로 어느 누구에게도 들키지 않으려고 밤늦도록 소리 없이 내리나 봅니다.

아님 하얗도록 소복이 쌓인 눈을 보며 모두가 깜짝 놀라 탄성 지르며 좋아하는 모습 보려고 그러는가 봐요.

아마도 2월의 마지막 꽃샘추위를 장식하는 듯합니다.

실내의 네온이 소박하게 반짝이는 '하늘'이라는 카페 창가에 앉아 눈 내리는 밖을 보고 있노라니 마음이 약간 설레어 옵니다.

바로 내가 앉아 있는 커다란 통 유리창 밖의 데크에는 나무로 된 테이블과 양쪽으로 등받이 나무 의자가 놓여 있습니다. 처마 밑이라 반쪽씩만 눈이 소복이 쌓여 있는 게 또한 낭만적입니다. 그리고 길가 옆에는 자가용 세대가 나란히 눈에 덮여 온통 하얗습니다.

길 건너로 눈길을 돌리니, 아주 커다란 고목 한 그루가 우뚝 서 있는 게 보입니다. 그 앙상하게 뻗은 수많은 가지들 위에 하얀 눈이 소복이 쌓여, 고목나무는 눈꽃 나무가 되어 아름드리 멋지게 서 있습니다.

눈꽃이 핀 큰 고목나무 위에서는 초롱불 같은 키 큰 가로등 하나가 주위를 밝게 비추고 있는데, 그 아래 중간쯤 또 하나의 초롱불 가로등이 환하게 비추어 오누이처럼 주위를 아름답게 장식하고 있네요.

그 불빛 아래 봉고차 두 대가 역시나 하얀 옷을 입은 채 묵묵히 자리를 지키고 있습니다.

소리 없이 쌓인 눈은 우아한 자태로 반짝거리며 온 천지를 하얗게 순결의 빛으로 발산합니다.

커다란 통유리에 반사되어 비춰지는 찻집의 실내등과 껌뻑껌뻑 꺼졌다 켜지는 작은 은하수 요정의 불빛은, 밖에서 내리는 설경과 함께 어우러져 한 폭의 아름다운 그림이었습니다.

등받이 의자에 기대어 창밖으로 보이는 한 폭의 그림을 감상하며 조금은 소박하게 센티해지려는 순간, 생음악으로 튕기는 통기타 소리와 약간 저음의 흘러간 여인의 노래가 어우러져 들려오니 제 마음이 더욱 감성에 젖어듭니다.

의자에 푹 파묻혀서 눈을 감고 노래를 따라 흥얼거려 봅니다. 아, 아주 오랜만에 느껴 보는 이 여유로움!

오늘 이 시간만큼은, 제 앞에서 펼쳐지는 아름다운 설경과 젊은 여인이 부르는 흘러간 노래가 통기타 소리에 실려와 이런저런 일에 쫓겨 살아온 시간들을 모두 잊게 해줍니다.

오랜만에 느껴 보는 조용한 감성에 젖어 오는 제 마음은 더욱 애잔해집니다.

나의 이런 시간이 얼마만인가!

나에게도 이런 감성이 아직 살아 있었던가?

캄캄한 하늘에서 내려오는 하얀 눈들은 높은 가로등불이 비추는 앞을 지날 때면 너풀너풀 춤추는 모습으로 뽐내며 날립니다. 그런데 가로등불의 시샘이 한순간에 하얗던 눈을 잿빛으로 보이게도 하는데, 사방으로 흩날리는 눈들은 금방 그칠 것 같지 않습니다.

오랫동안 바라보는 오늘 밤 풍경은 정말 너무나도 아름다운 밤으로 기억될 만큼 펑펑 내리는 눈에 현혹되어 버렸습니다. 친구와 함께한 분위기 때문일까요?

찻집에서 바라보는 너울너울 내리는 눈송이와 통기타와 라이브의 노래가 어우러져 밖의 풍경이 더욱 매혹적으로 낭만을 불러옵니다.

깊어 가는 밤, 눈은 마법에 걸려 있는지 녹지도 않은 채 계속 하얗게 쌓여만 갑니다. 멋진 밤입니다.

각자의 아련한 추억들을 되살리며 말없이 앉아 마음으로만 주고받던 시간들이 훌쩍 지나갔습니다.

아늑하고 아름다웠던 감성의 아쉬움을 뒤로하고, 차는 눈길을 미끄러져 가는데 중심을 잡지 못합니다.

몇 시간 동안 내린 눈은 유난히 반짝이며 멋진 아름다움을 주었지만, 미끄러운 눈길은 지금 우리의 몸과 마음을 움츠러들게 합니다.

마법을 걸어 둔 눈은 아파트 근처 비탈길에선 차들을 꼼짝도 못 하게 하고 있습니다. 우리 차 역시나 쌓여 있는 눈앞에서 미끄러져 올라가지를 못해 어쩔 수 없이 차에서 내리며,

"조심히 잘 가요."

하고는 뽀드득 뽀드득 눈을 밟으며 조심스레 걸어갑니다. 아무도 가지 않은 순백의 눈을 밟으며 걷는 기분은 아주 묘하게 상쾌합니다.

사르륵 사르륵!

혼자 걸어가는 길이지만, 조심조심 한 걸음씩 한 걸음씩 눈 밟는 소리가 아주 신선하게 들려옵니다.

어두운 한밤중인데도 백설로 인해 온 천지는 환합니다.

미끄러움에 차가 오르지 못해 데려다주지 못하고 되돌아가던 친구가 길 한 모퉁이에 차를 세워 놓고는, 어느새 뒤를 쫓아와 미끄러워 넘어질세라 팔을 잡아 줍니다.

늦은 밤길에 혼자 보내는 것이 걱정돼 안쓰러웠나 봅니다. 얼결에 팔을 잡아 주다가 미안한지 얼른 놓습니다.

미끄러운 눈길에 넘어지지 않으려고 안간힘을 쓰며 조심조심 다리에 힘을 주고 걷다 보니 허벅지와 정강이가 뻐근해 옵니다. 그래서 친구의 옷을 살짝 잡았더니 친구는 안전하게 손을 잡아 주었습니다. 이왕 잡아 준 김에 손 시렵다며 주머니

에 넣어 주기까지 합니다.

손을 뺄 수도 없는 늦은 밤.

집까지 무사히 임무 완수하고 친구는 미끄러운 길을 되돌아 갔습니다. 내리막길은 더 미끄러운데 넘어지지는 않았나 모르겠습니다.

한참 후에 걱정이 되어 메시지를 보냈습니다.

'잘 들어갔어요?'

'네, 지금 막…. 행복한 시간들이네요. 나요 오늘요, 내가 사랑하는 사람의 손을 처음 잡았거든요. 무지 행복해요.'

이유는 다르지만 서로의 마음은 행복한 날이었습니다.

나는 찻집에 앉아 여유로움 찾으며 하얗게 덮인 밤 설경의 아름다움과 통기타와 어우러져 흘러간 노래를 들을 수 있는 감성의 시간 안에서 행복함을 느꼈습니다.

그런데 친구는 미끄러질까 봐 잡아 준 손 때문에 행복하답니다. 실은 나도 친구와 별말 없이 함께한 시간들이 잠시나마 포근했습니다.

삶은 소중합니다. 누구나 마음을 주고받을 때 가장 행복하지요. 행복은 기쁨을 가져다줍니다. 기쁨을 누릴 수 있을 때, 비로소 평화로운 마음으로 세상을 아름답게 바라볼 수 있는 것 같습니다.

겨울의
마지막 숨결

3월의 오후, 눈발이 날리더니만 한밤중이 되니 온 천지가 하얗게 눈으로 덮여 버렸습니다.

서경대 뒷산에서 미끄러지지 않으려고 계단 하나하나를 조심스레 밟으며 내려오다가 주위를 둘러보았습니다.

"와!"

어두운 밤에 내려와 쌓인 설경은 장관이었습니다. 앙상한 나뭇가지가지마다 눈으로 소복이 쌓여 있습니다. 풍성한 마른 잎이 매달려 있는 나무둥치에는 탐스러울 정도로 눈꽃이 피었습니다. 산자락 모두가 하얗게 하얗게 눈으로 덮여 있어 동화 속 하얀 눈의 나라처럼 환상적이었습니다.

경칩이 지난 봄이었기에, 아파트 한쪽 뜰에는 크지 않은 개나리 나무에 벌써 노란 꽃이 나와 방긋이 웃고 있는데 눈이 웬 일입니까? 쫓겨 가는 겨울이 샘이 나서 바람과 함께 눈을 쏟아부었는지 날씨마저 차가워 내린 눈은 녹지 않고 쌓여만 갑니다.

옷깃을 여미며 아파트 길을 걸으면서 주위의 나뭇가지들을 바라봅니다.

줄줄이 서 있는 가로수의 키다리 벚꽃 나뭇가지 위에도 하얗게, 앉은뱅이 철쭉나무 위에도 하얗게, 쭉쭉 뻗은 화살나무 위에도 하얗게, 가녀린 싸리나무 가지 위에도 하얗게, 마른 단풍잎이 붙어 있는 나무 위에도 하얗게, 몽우리가 나오고 있는 목련나무 가지 위에도 하얗게, 누런 꽃들이 막 움트고 있는 산수유나무 가지 위에도 하얗게….

각자 제 모습대로 치장된 눈꽃은 아름다운 멋진 자태를 뽐내고 있습니다.

휑한 놀이터 기구 위에도, 크고 작은 바위 위에도, 철망으로 된 울타리 위에도, 쉬어 가는 팔각정자 지붕 위에도, 내가 걸어가고 있는 길에도 내가 걸어간 발자국을 지워 가면서 눈이 덮고 있습니다.

밤하늘을 잿빛으로 만드는 눈송이들이 너울너울 바람에 나부끼며 훨훨 날아다닙니다. 손을 내밀어 눈송이를 받아 보지만 앉자마자 녹아 버려요.

겨울의 끝자락을 아쉬움으로 장식하고자 꽃샘추위를 알리는 눈송이. 밤사이 온 천지를 하얗게 만들어 아름다움을 찬미하는 풍성한 겨울의 마지막 숨결이었을까요?

눈의 요정과 동화 나라

친구 동네 행당동에서 제복을 입었던 여고 동창들을 만나서 점심 먹고는 아주 오랜만에 노래방까지 가 목청 높이며 노래 부르고 놀다 나오니 함박눈이 펑펑 내리고 있습니다. 올겨울 들어 처음으로 많은 눈이 내리고 있습니다.

프라이팬을 사 들고 가시는 아주머니가 그 팬으로 머리를 가리고 가시는데, 그 모습이 참으로 정겨워 보였습니다.

펑펑 내리는 눈이 안개에 가려진 것처럼 우주가 뿌옇습니다. 지하철에서 나와 버스로 환승하려고 기다리는 순간에도 나의 머리와 어깨는 눈으로 하얗게 덮였습니다. 쉬지 않고 내리는 폭설은 털어도 털어도 금세 내려앉습니다.

서경대 비탈길 언덕을 오르는 버스는 미끄러움에 갈지자 형태로 겨우겨우 힘들게 올라가는데, 기사님까지 기진맥진해 보입니다. 너무 애쓰신 기사님께 감사드리며 버스에서 내려 코트에 달린 모자를 푹 뒤집어썼습니다.

서경대 뒤편 둘레길과 아파트와 연결되어 있는 백오십 개나 되는 계단 위에서 바라다보는 전경은 '와!' 참으로 신비한 나라였습니다.

거대한 아파트가 뿌연 잿빛 속에 숨어 버린 그림자처럼 희미하게 보입니다.

나무마다 쌓여 있는 백설에서 눈의 요정이 날아다닙니다.

계단을 밝혀 주는 초롱 등 앞에서 눈들이 팔랑팔랑 휘날리어 둘레길의 나무들은 벌써 하얀 눈꽃을 피웠습니다. 저는 계단 양옆 사철나무 눈꽃 속에 파묻혀 있는 낭만의 요정이었어요.

잿빛이었던 땅도 하얀 도화지처럼 너무나 깨끗합니다. 주위의 모든 물체가 마치 동화 나라처럼 하얗게 변해 버렸습니다.

'휘리리릭~!'

마술 봉을 휘둘러 사람들의 마음도 이렇게 깨끗해졌으면 좋겠습니다.

경비 아저씨들이 열심히 눈을 쓸고 있지만 눈의 요정들은 살랑살랑 내려와 그 위를 또다시 덮어 버립니다. 옷이 젖을까 봐 어깨 위에 쌓인 눈을 털어 보지만 소용없음을 알면서도 탈

탈탈….

'뽀드득! 뽀드득!'

쌓여 있는 눈 위를 밟을 적마다 예쁜 소리가 납니다.

벌써부터 퇴근길의 차들은 엉금엉금.

사람들은 미끄러움에 조심조심.

그러나 지금 이 순간은 깨끗하고 아름답고 낭만스러움에 너무너무 좋습니다.

내일이면 현실로 돌아가 낭만에 초치겠지만 지금은 환상 속의 동화 나라랍니다.

저기압의 도깨비 날씨

어제 오후부터 부슬부슬 내리던 비가 오늘까지 이어지더니, 오늘의 날씨는 정말 괴이한 날씨였습니다.

비바람이 세차게 불어치기도 하고, 눈발이 막 휘날려 천지가 잿빛 하늘이 되어 뿌옇다가, 눈비가 함께 바람에 춤을 추며 날아다니더니만 오후 저녁때가 되어선 햇빛이 쨍하고 나타났습니다.

목련꽃도 벌어지려는지 솜털 같은 껍질 속에서 하얀 꽃이 살짝 고개를 내밀었습니다. 아파트 정원엔 산수유가 노랗게 톡 터져 나와 봄이 왔음을 알립니다.

남쪽 관광지엔 벚꽃들이 물올라 아름다움을 뽐내고 있다는데요. 4월이 시작되는 오늘의 날씨는 저기압의 도깨비장난 치곤 아주 많이 심술궂었습니다.

강원도엔 때 아닌 폭설로 나무엔 눈꽃이 피어 아름답지만, 도로엔 차들이 엉금엉금 교통이 마비되었다고 합니다.

또 다른 지방에서는 태풍으로 인해 비닐하우스가 다 망가지고, 도로에선 태풍으로 인해 트레일러가 쓰러졌다고 합니다. 건물 지붕이 날아가고, 사람이 태풍에 밀려 추락하고, 비바람을 맞으며 난간을 잡고 걸어야 하는 이십 년 만의 기상이변이랍니다.

가까운 일본에서도 저기압 초고속 태풍으로 인한 자연 재해 앞에서 누구나가 속수무책이었답니다. 봄철을 맞이하는 시샘치고는 저기압의 비구름과 찬 구름이 부딪쳐 생긴 폭설과 태풍으로 걸지게 하고 떠나갔습니다.

비바람과 폭설과 세찬 태풍이 난무하여 시샘의 질투는 강렬했지만, 계절은 이미 봄 자락에 들어선지라 어제오늘 빗물을 흠뻑 머금은 가로수의 벚나무들이 금방이라도 꽃망울을 틔울 듯 몽글거리고 있네요.

아파트 뜰에 풍성하게 퍼진 연산홍 철쭉나무에선 작은 꽃망울들이 앙증맞게 비집고 나와 하늘을 바라보며 해바라기하고 있습니다.

벼락같이 내린
함박눈

첫눈은 어느 날 밤사이 보일 듯 말 듯 내리더니 오늘은 함박눈으로 펑펑 쏟아집니다. 벼락같이 내린 눈은 순식간에 대지 위를 하얗게 덮어 버렸습니다. 방송에서도 한꺼번에 내리는 눈 때문에 계속 교통 소식을 알리고 있습니다.

저녁 시간쯤 아파트 방송으로도 둔탁한 아저씨의 목소리가 거실 스피커를 통해 들려옵니다.

"길이 미끄러워 동아운수가 삼양동 사거리까지만 운행을 합니다."

우리 아파트 사람들의 발이 되어 주던 버스들이 약간 경사진 언덕을 올라오지 못하고 저 아래 사거리에서 바로 종점으로 들어간다고 하네요.

창밖을 내다보니 나뭇가지 위에 눈이 소복이 내려앉아 아름다운 눈꽃 축제를 벌이고 있습니다. 보이는 지붕마다 모두가 하얗게 눈으로 덮여 있어 깨끗합니다.

아파트 사이로 신호등이 보이는 큰길에도 하얀 눈이 소복하게 쌓여 있어 눈의 나라를 방불케 합니다.

어쩌다 보이는 승용차 한 대가 미끄러지다가 또다시 엉금엉금 기어가고 있습니다.

아저씨들이 아파트 주민들을 위하여 다니는 길을 쓸고 또 쓸어도 계속 쏟아지는 눈으로 덮어 버려 소용이 없습니다. 아저씨들은 가을에는 낙엽 때문에 바쁘시더니 겨울이면 눈 때문에 바빠집니다. 늦가을 내내 떨어진 낙엽을 이젠 다 쓸었나 보다 하면 어느샌가 겨울눈이 기다리고 있으니 말입니다.

그러나 누구든지 가을이면 울긋불긋 예쁜 낙엽들이 떨어져 쌓인 곳을 밟으면서 바스락거리는 느낌에 좋아라 합니다. 또 하얀 눈이 소복이 쌓여 있는 것을 보면 겨울다운 운치에 좋아라 하지요.

오늘 오후부터 내린 함박눈은 앞에 보이는 둘레길 얕은 산은 물론이고 먼 산자락까지도 온통 하얗게 만들어 놨기에 겨울 동화 속에 들어온 것 같았습니다.

초저녁에 내린 눈으로 이미 서울 시내 교통이 마비될 지경에 이르렀다는데, 우리 아들도 차를 갖고 나갔을 텐데 어떻게 들어오려는지. 더구나 우리 아파트는 경사진 곳으로 제일 높은 지대라 눈길을 오르려면 길이 미끄러워 무척이나 힘들 텐데…. 허허, 울 아들 큰일 났습니다.

지방 어디는 내일까지 눈이 온다 하고 전국의 날씨 또한 영하권이라 눈도 쉽게 녹지 않을 거랍니다. 십이월 초에 내린 눈은 몇 년 만에 오는 추위이고요, 함박눈으로 쌓인 것도 몇 년 만이라 합니다.

우리는 이렇게 눈이 쏟아지는 추운 겨울인건만 베트남 어디선가는 홍수로 몇 백 명이 죽었다는 소식을 들었습니다. 또 어느 나라에선 들어오고 있는 지하철 철로에 서 있던 사람이 지하철에 치여 죽었다는 끔찍한 소식도 있습니다.

일본은 강도 높은 지진이 일어나면서 곧 쓰나미까지 올 거라는데 하늘아래 세상 소식이 너무 어지럽습니다.

하늘에서 내려오는 하얀 눈이 세상의 어지러움을 모두 덮어 버리고 예쁜 소식만 알려 주었으면 좋겠다는 동화 같은 바람을 가져 봅니다. 언제나 하느님 나라의 천국 같은 세상이 오려는지, 그런 세상이 왔으면 좋겠습니다.

솜털같이 하얀 눈은 매우 아름답고 깨끗하여 사랑스럽고 좋은데, 지나치면 사고뭉치의 눈이 되어 버리기도 하지요. 그래도 눈 오는 것을 보면 누구든지 그 하얀 순수함에 반해 '와! 눈 온다!' 하고 좋아합니다.

밖은 어두워졌는데 눈은 여전히 소리 없이 내려와 차곡차곡 쌓이고 있네요. 지금은 내려갈 일이 없지만 내일 아침엔 이 눈을 밟으며 동국대학교 평생교육원의 노래교실로 가요지도 전문 자격증을 받으러 가야 합니다.

아들딸이 학비 도움을 줘서 작년 일 년 동안 열심히 노래 공부도 했고, 오십 문제를 풀어야 하는 필기시험에 합격했으니 따끈따끈한 자격증이 저를 기다리고 있습니다.

엘리베이터를 타고 칠층 하늘 공원에서 내려 예쁜 정원을 지나 노래교실로 들어갑니다. 여름이면 갖가지 꽃들이 만발하고 가을이면 낙엽 지는 아름다운 하늘정원 속에 이 노래교실이 있습니다.

가수이신 임부희 교수님께선 노래를 맛깔나게 부를 수 있도록 정열을 쏟아부어 가르쳐 주십니다. 음치·박치로 노래는 못하지만 무엇이든 열심히 하고 싶은 노력으로 얻은 이 귀한 자격증은 제 자신을 되돌아보는 점검의 시간이기도 했습니다.

'나도 할 수 있다!'라는 자신감이 제게는 또 하나의 즐거움의 원천이 되었답니다.

소복이 쌓인 눈

입춘이 지나고 며칠 전엔 우수까지 지난 2월을 일주일 남겨 놓은 아침에, 새벽미사 해설을 하기 위해 이른 새벽 네 시 반에 일어났습니다.

아직 어두울 시간인데 창밖은 생각보다 밝아서 내다보았습니다. 어느새 하얀 눈이 소복이 쌓여 있는데도 눈은 계속해서 내리고 있었습니다.

언제부터 내렸는지는 모르지만 나뭇가지에도 눈이 소복이 내려앉아 무게를 지탱하지 못하고 축 늘어져 있습니다.

우산을 쓰고 아파트 언덕을 조심조심 걸어서 내려갑니다. 소복하게 쌓인 눈 속에 발이 폭폭 들어가 신발 끝에 차인 눈들이 걸을 적마다 흩어져 내립니다. 아무도 걷지 않은 눈 위에 발자국을 남기며 신나게 걷습니다. 내리는 눈이 곧 그 자리를 다시 채워 놓아 아무도 걷지 않은 새 길처럼 되었습니다.

우산 위에서 사르륵 사르륵 소리가 나는 것을 보니 지금은 싸라기눈이 내려앉고 있습니다. 싸라기눈이 무거워 우산을 털어 내며 걸어갔습니다.

온 천지가 하얗게 변해 버린 길들을 부지런한 아파트 관리인들은 열심히 눈을 긁어내면서 제설 작업을 하고 있습니다. 계속 내리는 눈은 얄밉게도 쌓이고 또 쌓입니다.

부지런한 승용차들도 벌써 나와 언덕을 미끄러지며 내려갑니다. 바퀴가 제멋대로 움직여 제 길을 가지 못하고 있어 안타깝네요.

오늘은 드디어 아들이 사 준 등산화를 신고 눈길을 내려갑니다. 신발이 폭폭 파묻히는데도 소복이 쌓인 눈이라서 아직은 미끄럽지 않게 걸을 수 있어 다행입니다.

어제오늘 양일은 사제 전체 모임으로 열 시 미사가 임시 변경하여 새벽미사로 바뀌었습니다. 뜻하지 않게 눈 오는 새벽길을 걷게 되어 기분이 아주 상쾌합니다.

성당 앞 건널목에서 수녀님 두 분이 건너고 계십니다.

엊그제 새로 부임해 오신 수녀님과는 아직 인사가 없어서 서로 얼굴은 모르고 있습니다.

저도 미끄러움에 조심스레 뛰어가면서 뒤따라 건넜습니다. 성당 안에 들어서면서 만나게 되어 인사를 드렸습니다.

"안녕하세요. 수녀님! 전례부 사비나입니다."

"네, 안녕하세요? 일찍 오셨네요."

웃으며 간단하게 인사를 나누곤 전례복을 입으려고 삼층으로 올라갔는데 캄캄하네요. 더듬더듬 들어가 불을 켜니 아직 공사 중이라 주위가 을씨년스럽습니다.

지난주 열 시 금요일 미사엔 새로 부임하신 보좌신부님께서 미사집전 하셨는데 오늘 새벽 미사에선 주임신주님께서 미사집전을 하셨습니다. 새벽미사는 왠지 경건합니다.

미사가 끝나 집으로 오는 길은 아쉽게도 큰 차가 다니면서 제설 작업을 하고 있어서 이미 차도는 지저분해져 버렸습니다. 제설차 뒤에서 뿜어져 나오는 약품은 사방으로 튀어 차도의 눈을 순식간에 녹여 버렸습니다. 인도는 하얗고 차도는 더러워서 선과 악이 어우러져 보입니다.

아파트 길은 아직도 때 묻지 않은 상태 그대로입니다.

그런데 우리 아파트 중간 언덕에서 흰색 승용차 한 대가 올라갑니다. 오르는가 싶더니 미끄러져 내려왔다가 또다시 오르건만 또다시 미끄러져 내려옵니다.

다시 한 번 시도하여 올라가 보지만 고만큼서 멈추더니 뒤로 미끄러지는데, 뒤따르던 차가 빵빵거립니다. 앞차는 멈추려는데 저절로 미끄러져 뒤차는 뒤로 빼며 또다시 '빵! 빵!' 바라보고 있는 제가 안타깝습니다.

다행히 앞차가 삐뚤어지게나마 섰습니다. 그 사이 뒤차는 앞차를 피해서 그런대로 치지직 헛바퀴 돌아가며 힘겹게 올라가고 있습니다.

'어휴, 저 차는 언제나 올라가려나?'

그러고 보니 우리 아들 출근길도 걱정이네요. 사계절 바퀴라 걱정 없다고 하는데, 하긴 지금은 제설 작업을 한 후라 아파트만 잘 내려가면 큰 대로는 걱정 없을 겁니다.

아들이 사 준 등산화를 모처럼 신고서 조심조심 눈 속을 걸으며 오솔길로 들어섰습니다. 올겨울은 빙판 사고가 워낙 많았던 때라 바닥을 살피면서 살금살금 조심히 걸어갑니다. 이런 날 넘어져서 다치면 저만 손해랍니다.

오솔길 안의 나뭇가지가 눈의 무게를 못 이겨 축 내려가 있네요. 예쁜 눈이 떨어지지 않도록 제가 머리를 숙이고 지나갔습니다. 나무마다 눈꽃이 피어 있어 아름다운 크리스마스카드의 그림 속 풍경을 연상케 합니다.

이러한 아름다움이 있어 더욱 살고 싶은 충동을 느끼게 됩니다. 매일 아침에 일어나면 새로운 시간을 만나 재충전하면서 새로운 생활을 힘차게 발돋움하지요. 발걸음 가볍게 집에 들어오니 아들도 나가느라고 준비 중입니다.

"새벽 미사 다녀오세요?"

"그래. 그런데 눈이 너무 많이 와서 차들이 엉금엉금 기는데 네 차는 괜찮겠니?"

"눈 왔어요? 어제 세차했는데. 아으, 어떡해. 차 밑이 또 더러워지겠네. 에헤, 억울하다!"

너스레를 떠는 아들은 엄마의 근심과는 달리 어제 세차한 차가 더러워질 걸 아쉬워하며 나갔습니다.

"다녀오겠습니다!"

"그래, 눈길 조심해서 다녀라!"

도깨비 나라의
눈 왕국

어! 자고 나니 어느새 도깨비 나라에 와 있었습니다.

어젯밤까지만 해도 시커멓던 세상이 고요한 밤을 지나고 나니 온통 새하얀 눈의 나라가 되어 있었습니다.

올해는 벌써 눈이 끝났으려나 했는데, 이월의 초순쯤이건만 아침부터 조금씩 바람에 휘날리는 눈이 살랑거리며 꾸준히 내리고 있습니다.

도깨비 나라의 어스름한 하늘에서 눈송이가 굵어져 퍼붓듯 내려옵니다. 내려오는 눈은 사람들 발길에 치이고 퇴근하는 자동차들 경주에 치어 쌓일 새 없이 슬금슬금 녹아들고 있었습니다. 제설작업 하는 차들도 바빠집니다.

그러나 사람들의 발길이 끊어진 늦은 밤.

차들도 엉금엉금 기어가는 깊은 밤이 되면서 하늘에서 한없이 내려오는 함박눈은 훼방꾼들이 없으니 계속해서 쌓여만 갑니다.

하얗게 소복해진 눈밭이 되어 거리도 나무들도 사람들의 마음까지도 세상의 어두움 덮어 버리고 온통 설국을 만들었습니다. 겨울에만 볼 수 있는 눈의 왕국은 마치 도깨비처럼 밤사이에 이루었습니다.

눈부시도록 우아하게 펼쳐진 설경을 보면서 눈꽃의 아름다움을 감탄으로 노래했건만 하룻밤 지나 태양이 떠오르는 한낮이 되니 일장춘몽!

도깨비장난이었던 하얀 눈의 왕국은 서서히 사라지면서 또다시 태양의 나라가 나타났습니다. 아름다움은 잠시 지나가는 과거일 뿐! 현실을 맞은 오늘을 위해 또다시 새로운 발돋움해 봅니다.

눈다운
눈이 오려나

올겨울 들어 처음으로 제대로 보는 눈다운 눈이 내리고 있습니다. 햇볕도 없는 추운 날씨라 내려오는 눈은 녹지도 않고 하늘에서 날아오는 대로 살포시 내려앉습니다. 차가 다니는 곳은 녹아 있지만 차가 다니지 않는 곳은 하얗게 쌓여 있습니다.

폭설이 되지 않을까 걱정스럽긴 하지만, 물이 모자라니 눈이라도 많이 오기를 바라는 마음이기도 하지요. 작년엔 비도 오지 않아 논밭이 거북이 등처럼 갈라질 정도였습니다. 겨울이 되어도 눈이 오지 않아 산과 들이 메말라 있었는데, 눈다운 눈이 오니 반갑기 그지없습니다.

푸르른 나무들에 희뿌옇게 먼지들이 덮여 있어 비가 와서 씻겨 주기를 바랐건만, 여름에도 가을에도 겨울에도 비는 오지 않았습니다.

추운 날씨에 눈이라도 와서 나무들을 씻겨 주면 푸르른 잎을 볼 수 있겠구나 하고 기다리던 차에 조금씩 내리던 눈이 함박눈으로 내려와 대지를 하얗게 덮어 버렸습니다.

자동차가 다니는 길도 추위에 녹지 않아 하얗게 되어 버렸습니다. 지붕들도 하얗고 놀이터도 하얗고 다니는 길도 하얗습니다. 잠시 내린 눈으로 대지 위에 하얗게 그림을 그려 놓더니, 차츰 서서히 눈발이 약해지면서 벌써 내리는 둥 마는 둥해졌습니다.

좀 더 내려 주기를 바랐는데 퇴근할 사람들을 걱정하는 걸까요? 그새 눈님이 멎어 버렸으니 많이 아쉬웠답니다.

다섯 시가 되어도 환한 걸 보니 해가 좀 길어졌네요. 지구가 도는 대로 흐르는 시간을 멈추게 할 수도 없으니 제가 흐르는 시간을 친구 삼아 손잡고 따라가고 있습니다.

그러는 가운데 장구 치러 갈 시간이 되어 옵니다. 하얀 눈을 밟으며 자치센터로 나들이 나갔다 와야겠습니다. 다행히도 눈이 내린 이 시간에 나갈 수 있어 올겨울 처음으로 아파트의 하얀 눈을 밟아 볼 수 있었습니다.

그다지 많이 온 눈은 아니지만 그 알량하게 내린 눈이나마 벌써부터 관리인들이 빗자루로 쓱싹 눈을 치우시는데 아깝단 생각이 듭니다.

아파트에만 하얀 도화지 위의 그린 풍경이었나 봅니다. 큰길에 나가 보니 차도에나 인도엔 이미 눈들은 싹 없어졌답니다. 언제 눈이 왔냐는 듯….

아파트와 신작로의 거리는 이렇듯 한 끗 차이로 다른 모습이었습니다.

칼바람 추위
한파와 폭설

한파가 계속되어 나라 곳곳마다 난리가 났습니다.

제주도와 울릉도에서는 칠 년 만에 온 한파와 폭설과 강풍으로 항공도 사람도 며칠째 발이 묶여 있습니다.

광주·전남 외의 많은 도시는 한파가 절정이라 하네요.

그리고 서울은 오 년 만의 추위로 한강에서 스케이트를 탈 정도로 꽁꽁 얼었는데, 체감 온도가 영하 30도랍니다.

춥지 않아 울상이었던 화천에 산천어 축제가 드디어 성황을 이루었습니다. 추워지면 울상인 곳이 있는가 하면 추워져야 이렇게 겨울축제의 기쁨을 누릴 수 있었습니다.

지구촌 미국은 눈 폭풍의 영하 40도이며, 중국은 폭설에 강풍을 동반한 살인적 한파의 급습으로 무한 걱정입니다. 더운

쪽에선 물난리요 다른 한쪽에선 살인적인 한파로 지구촌 곳곳도 세상사 아롱이다롱이랍니다.

저녁이면 아파트 거실의 스피커를 통해 매일같이 들려오는 소리는, 한파로 인해 계량기 동파가 잦으니 수건으로 따뜻하게 덮어 주고 세탁기 쓰는 것도 잠시 중지해 주시고 수도가 얼지 않도록 물이 쫄쫄 나오게 하라는 세심한 주의입니다.

이런 날씨엔 저 역시 집에서 꼼짝 없이 방콕하고 있답니다. 밖에 나가질 않아 강추위의 체감 온도를 느낄 수는 없지만, 베란다의 통유리 창 전체가 처음 얼어 있는 걸 보면 어느 정도 예상이 갑니다.

올 초겨울부터 감기로 한두 달간 고생을 하다 보니, 동장군 추위가 겁이 나 방콕을 하고 있습니다. 그래도 내일은 즐거움이 기다리고 있습니다.

한파가 오기 전에 일찍 신청해 놓았던 관광여행의 설렘을 안고, 내일은 친구들 열다섯 명이 강원도 원주로 여행을 떠납니다.

레일바이크를 타고 눈꽃풍경열차를 타며 겨울을 즐기기로 했는데 갑작스런 칼바람 같은 한파 추위와 폭설이라서 간다는 것도 심히 걱정되었습니다.

그런데 다행히도 오늘 오후 여행사에서, 여행 신청자가 우리뿐이라 인원이 부족하다며 취소한다는 연락이 왔습니다. 그렇잖아도 이 추위에 어딜 가냐는 자손들 걱정에 못 간다 할 수도 없는 상황이었는데, 취소됐다 하니 모두들 잘했다고 하네요. 신청자가 없기를 다행이었지요.

방송에선 눈 덮인 마을과 고립된 사람들을 보여 주기도 합니다. 며칠 전엔 산에 올라갔던 사람이 강추위에 저체온 되어 시체로 실려 오는 모습도 보았습니다.

오늘도 내일도 모레의 날씨도 그보다 더 추운 한파에 폭설을 동반한다 하니 아마도 따뜻한 집 안 방콕이 제일 좋은 여행지가 될 겁니다.

이제 우리 나이는 몸을 사릴 때라 조심해야 합니다. 그러나 골다공증세가 심해지면 다리 아파 걷지도 못한다며, 지금 아니면 다닐 수 없다 하여 열심히 여행지를 찾지요.

칠십을 바라보는 우리들 나이쯤은, 이미 넘으신 언니들도 계시지만, 자식 농사로 시집장가 다 보내 놓고 나서야, 드디어 시간의 여유도 마음의 여유로움도 생겼습니다.

이제는 여행 쪽으로 눈을 돌려 그동안 못 해 본 즐거운 추억을 쌓기에 딱 좋은 나이랍니다. 사춘기의 철없는 방황이 아니고, 중후한 절도 있는 방황이라 재미있는 추억거리 찾아 길을 떠나려는 행복한 여인들이고 싶습니다.

꿩 대신 닭이라고 노라조 여인들은 내일 주일미사 후에 성당 옆 맥도널드에서 만나기로 했습니다. 한파로 인해 취소되어 못 가는 여행 일정과 맞바꾸어 영화를 보는 문화생활과 따끈한 추어탕으로 몸보신도 하기로 했답니다.

마음은 바쁘고 몸은 따라 주지 않으나
음악 따라 톡톡 튀며 즐겨 보는 댄스에
땀으로 범벅되도록 몸을 풀어 봅니다
춤추는 친구들 있어 즐겁고,
춤출 수 있는 건강 있어 감사하지요

3부

라갠 키카킥 키카킥

몸도 마음도
청춘

"안녕하세요?"

"어서 오십시요!"

"안녕!"

"언니, 안녕!"

오전 열 시경, 염 관장님과의 상쾌한 아침 인사와 학원 엄마들과 반가운 인사로 즐거운 하루가 시작되는 시간. 조잘 재잘 웃으며 시작되는 하루 일과 중 부담 없이 즐길 수 있는 곳, 바로 가족 분위기 같은 에어로빅 학원입니다.

에어로빅! 날씬한 젊은 여성들만 하는 운동으로만 알았기에 에어로빅이란 제겐 아주 생소하고 먼 이야기였습니다. 그래서 TV를 볼 때마다

'저렇게 복잡한 율동을 어떻게 할까? 대단한 사람들이야.'

했던 제가 직접 경쾌한 음악에 맞춰 몸매 예쁜 선생님 율동에 따라서 많은 젊은 엄마들 틈에 끼어 방방 뛰어 보니

'와, 이렇게 신날 수가! 왜 진작 안 했을까?'

한때는 52㎏의 몸무게로 똥배는 나왔지만 그런대로 보기 좋았지만, 그나마 삼 년 전부터 60㎏으로 불어났기에 아무리 비싸고 좋은 옷을 입어도 맵시가 없습니다. 남편은 이런 나를 보고 '아기 백돼지'라고 놀릴 정도로 통통했지요. 어디 그뿐이겠어요?

몸이 불면서부터 설거지를 하거나 빨래라도 할라치면 허리가 끊어질 듯 아파 오는 것이 몹시 힘들었고, 누우면 몸을 뒤척일 때마다 '아구구' 소리가 절로 나오고, 일어나려면 온몸을 뒤틀면서 힘들게 일어나야 했습니다.

의사 선생님은 아무 이상 없으니 운동을 해 보랍니다.

'운동? 운동은 한 번도 안 해 봤는데…. 무슨 운동을 하나?'

이런 나의 모습이 딱해 보였던지 남편은 함께 병원 갔다 오는 날, 돈암동을 지나다가 에어로빅 간판이 보이자 회비를 주면서 운동을 해 보라고 합니다.

운동을 하면 '아구구' 소리는 안 하겠지 하는 마음에 보내 준 것일 테지만, 나로서는 점점 불어나는 몸매가 더 심각해져서

못 이기는 척 에어로빅을 시작해 본 것이 벌써 삼 년째가 되었습니다.

지금은 다시 52㎏으로 똥배가 없어지고 오히려 단단하게 다져진 몸매에 균형도 잡혔으니, 이제 어떤 옷도 자신 있게 입을 수 있게 되었습니다.

그러다 보니 끊어질 듯한 등허리의 통증도 견딜 수 있었고, 몸도 많이 부드러워지고 무척이나 가벼워졌어요. 그래서 아무리 먼 장거리 여행을 해도, 집안에 큰일을 치른다 해도 거뜬하게 일을 할 수 있게 되었답니다.

한집에 사는 나의 젊은 올케들이 말하길,

"우리 아이들도 빨리 유치원에 가면 좋겠어요. 우리도 에어로빅 하게요. 형님은 저희보다 마음도 더 젊고 몸매도 보기에 아주 좋아요. 아픈 것도 덜한 걸 보면 에어로빅이 체질에 맞나 봐요."

이런 듣기 좋은 소리를 되새기면서 남편의 이해 속에 오늘 아침도 출근하는 남편과 함께 운동하러 간다고 따라나섭니다. 또 운동 가려면 식구들에게 책잡히지 않으려고 내 나름대로 가정에 충실하고 부지런해야 했습니다.

지금의 내 나이 45세! 늦게야 운동에 맛들인 나, 자신 있게 한 시간을 경쾌한 음악에 맞춰 신나게 흔들면서 율동을 하고 나면 온몸은 땀에 흠뻑 젖습니다. 이때 샤워를 끝내고 옹기종기 모여앉아 차 한잔한 후 밖을 나섰을 때 그 상쾌함이란!

비가 오나 눈이 오나 거르는 일 없이 정성스레 열심히 다녔습니다. 어느새 에어로빅은 내게서 뗄 수 없는 생활의 한 부분이 되었지요. 친구들이 묻습니다.

"네 걸음걸이는 어떻게 그리 가볍니?"

"응, 에어로빅 덕을 본 것 같아. 남편도 이것만은 인정하더라니깐."

이젠 나의 생활 중에서 에어로빅을 빼놓을 수 없게 되었습니다. 음악을 잘 아는 것은 아니지만, 에어로빅 할 때만큼은 경쾌한 음악의 리듬을 타며 신나는 율동 속에서 즐거운 생활의 활력소를 얻을 수 있기 때문입니다.

에어로빅을 하면서부터 저의 인생이 확 달라졌습니다.

이 자리를 빌려 운동을 하게 이끌어 준 남편에게 감사하고, 우연히 에어로빅 운동으로 인연이 된 염 관장님과 트레이너 선생님들께도 진심으로 감사드립니다.

나만의 공간

시간에 맞춰 세 시 반이면 도착해야 하는 나만의 공간이 있습니다.

나의 밀실이자 나만의 공간에는 알록달록 무지개 같은 아름다운 색깔들의 물건들이 삼백 원부터 천이백 원까지, 나를 향해 뽑히기를 기다리고 있습니다.

나만의 기쁨과 즐거움이 있는 이곳은 천진난만한 초딩 중딩을 친구로 하는 학원 안의 매점이랍니다.

어떤 아이는 아줌마라 부르기도 하고, 어떤 애는 아주머니라고 부르고, 얼결에 선생님이라 부르기도 하고, 또 얼결에 쌤이라 부르기도 하고, 또 어떤 꼬맹이는 할머니라고도 부릅니다.

그런데 집에서도 아직 할머니 소리를 들어 본 적이 없어서 할머니라고 부르는 소리는 아직 익숙지가 않아 듣기 거북하네요. 그래서 할머니라고 부르는 녀석한테는 애써 못 들은 척합니다.

눈치챈 녀석들은 어느 날부턴가 누나라고 부릅니다. 누나 소리도 역시 어색하고 쑥스럽더니만 자주 들으니 속물근성으로 할머니보다는 누나가 괜찮았습니다.

누나라 부르는 녀석들은 좀 더 빨리 준다고 생각했는지 다른 녀석들에게도 전염되어 누나, 누나를 연발합니다. 닭살 돋고 낯간지러워 하는 수 없이 빨리 주기도 하지요. 아이들의 '거봐' 소리를 들으며 속으로 피식 웃어 버립니다.

중학생이라도 말 놓기 불편할 정도로 아주 크고 점잖은 덩치 좋은 아저씨 같은 녀석도 있습니다. 체격이 큰 만큼 매 시간마다 먹어야 하기에 때로는 빵을 싼값에 주기도 합니다. 어떤 녀석들은 종 치자마다 일등으로 뛰어옵니다.

"와, 내가 일등이다!"

경쟁자도 없는데 신이 나서 튀어나옵니다. 매점에 상품이 걸려 있는 것도 아니고, 또 그렇다고 사지도 않으면서 일단 튀어나오고 봅니다.

공부에서의 해방감이랄까? 매점은 그들에게 있어 숨통 트이는 곳이기에 달려 나오기도 하지요. 그래서일까요? 매시간 일부러 오는 녀석들도 있답니다. 매점은 아이들에게 있어 유일하게 건물 안에서 떠들고 움직일 수 있는 자유로운 공간이랍니다.

이 학원에서 초등부를 거쳐 중등부 삼 년을 다닌 녀석들과는 친숙하여 농담 따 먹기도 하고요. 제 손주들 같아 모두가 사랑스럽고 귀엽답니다.

때로는 예의 바른 신사 같은 남학생도 있습니다. 깎아 주고 싶어서 덜 받으려고 하면 '아니에요.' 하며 제값을 치르고 갑니다.

이럴 땐 오히려 깎아 주려는 제가 미안해집니다. 그래서 가끔씩 새콤달콤을 덤으로 줍니다만, 그것도 안 받으려고 합니다. 이 듬직한 아이에게만 우리는 매점을 곧 그만둘 거라는 얘길 했습니다.

매점을 그만두는 날, 그 아이는 제게 초콜릿 몇 개를 선물로 주었습니다. 포장된 것도 아니고 많은 것도 아닌 몇 개의 초콜릿을 받으며 그 아이의 눈에서 서운한 마음이 담겨 있음을 보았습니다. 멋진 그 아이는 아마도 어른이 되면 점잖고 예의 바르고 도를 아는 훌륭한 사람 되겠지요.

얌전하고 조신한 남학생이 또 있습니다. 친구들 하고 와도 그 학생 역시 욕도 안 하고 예의 바르고 항상 조용하게 웃습니다. 큰 소리 내는 걸 못 들었습니다. 이 아이에게도 가끔 새콤달콤 하나씩을 줍니다. 감사하다며 고개 숙여 받아 가는 그 모습이 정말 착하고 순수해 보입니다.

반면에 욕으로 시작해서 욕으로 끝나는 남학생들도 많습니다. 어린아이들이라지만 너무나 듣기 거북하여 가까이 왔을 때 웃으며 한마디 합니다.

"얘, 잘생긴 얼굴에 웬 욕을 그렇게 하니? 너 인물 깎여. 욕하지 말고 얘기해 봐."

그러면 돌아서면 마찬가지로 욕할지언정 제 앞에서만큼은 조심합니다.

매점이 들썩거릴 정도로 아주 천방지축 시끄런 여학생도 있습니다. 몇 명이 몰려다니는데, 유독 한 여학생만이 시끄럽습니다. 사지도 않으면서 매 시간마다 와서 잘난 척 시끌벅적 목소리 크게 떠들다 갑니다.

너무 시끄러워 어느 날 말했습니다.

"얘, 너 이리 와 봐. 넌 키도 크고 얼굴도 예뻐서 이담에 멋있는 여인이 되겠다. 조금만 얌전하고 말소리만 줄이면 정말 매력 있고 멋있을 거야."

"정말이요? 호호호… 네, 알았어요. 아줌마."

그담부터는 엄청나게 시끄럽다가도 나와 눈이 마주치면 꼬리 내리고 의식적이나마 조심합니다. 그렇게 조심하기를 여러 번 하더니 복도에서나 매점에서나 정말 아주 많이 조용해졌습니다.

특히 제 앞에서만큼은 조신하려고 노력하는 게 보입니다. 그런 모습이 예뻐서 새콤달콤 하나를 주면서 친구들과 나눠 먹으라고 하면 아주 좋아라 합니다. 역시 애들은 애들일 수밖에 없습니다.

퇴근하는 늦은 시간에 학원 앞을 지나가다 보면 학원버스에 타고 있던 애들이 창밖을 내다보면서

"어? 매점 아줌마다. 매점 아줌마, 안녕히 가세요."

하고 큰 소리로 인사를 합니다.

어두워서 누군지는 모르지만,

"그래, 내일 보자!"

하며 손을 흔들고 지나갑니다.

이렇게 밤늦도록 공부하는 아이들에게 한마디 해봅니다.

'참 좋은 때다. 아그들아, 열심히 공부해서 좋은 학교 들어가기 바란다.'

매점은 아이들에게 점령당하는 그 짧은 오 분간이 학생들의 숨통을 트여 주는 곳이기도 하지만, 아이들이 들어가고 나면 아수라장이 되어 버려 말끔히 정리합니다.

그때서야 수업 없는 쌤들은 수업 시간을 이용하여 라면을 드시러 옵니다. 정성껏 끓여 준 라면을 맛있게 먹는 모습을

보면서 젊음도 있고 가르치는 재주가 있어서 젊은 쌤들이 참 멋져 보입니다. 열강을 하고 나면 목도 마르고 허기도 지기에 간단히 라면으로 허기를 채우고는 또다시 다음 강의하러 들어갑니다.

둘째 동생이 있는 목동의 학원 매점에서 생활한 지도 그럭저럭 오 년, 그사이 셋째 동생이 있는 마포의 학원가 골프장 건물에서 석봉 토스트점 하면서 일 년.

두 남동생들 덕에 어린 학생들과 함께 지낸 시간들이 내 어릴 적 시절을 돌아보게 하는 추억의 시간들이었습니다.

우리 어릴 땐 공부보다는 동네서 친구들과 신나게 노는 날이 더 많았습니다. 공부에 파묻혀 숨쉬기도 힘들어하는 요즘 아이들의 모습을 보면 너무 안타깝죠.

이제 이곳에 있을 날도 얼마 남지 않았습니다. 쌤들과 인사도 못하겠습니다. 아이들과도 인사를 못 하겠습니다. 어느새 오가는 정이 살포시 들었나 봅니다.

어느 날 갑자기 안 보이면 모두들 '어?' 하겠지요.

아이들에게 인사도 못하고 와서 미안하지만, 천진스런 아이들과 보낸 시간들이 제게는 너무나 소중하고 귀한 시간으로 보물 섬 같은 매점이었습니다. 우리와 정들었던 아이들은 새로운 분들과 또 다른 정으로 지낼 겁니다.

지하철은 나의 분신

엿장수 맘대로 누더기 옷 입고 가위질 치며 북 치며 노래 부르며 손님맞이하며 바쁜 개업 날의 시간을 보냈습니다.

5월 1일 개업하여 장사를 시작한 지도 오늘로 11월 중반이 넘었으니 벌써 칠 개월째 지나가네요. 리모델링 끝나는 날짜를 생각해서 5월 둘째 주쯤에 문을 열겠다는 동생의 뜻이었지만, 오월 달은 즐거운 행사가 많은 날이기에,

"이왕이면 어린이날, 어버이날, 스승의 날 행사가 있으니 4월 말에 문을 열도록 해 봐."

"아, 그래야겠네요."

동생은 바쁘게 일하시는 분들을 재촉하여 4월 말경에 리모델링을 끝냈습니다.

더불어 5월 달엔 어버이날의 덕을 톡톡히 봤습니다. 처음 해 보는 어설픈 서빙 일이지만 그런대로 할 만합니다.

일단 개업발에 손님이 많으니까 마냥 좋았습니다. 그러나 한 달, 두 달… 달수가 지나면서 환갑의 아줌마 몸에 무리가 오네요. 방바닥에 앉아 드시는 고깃집이라 서서히 다리도 아프고 무릎도 아프고 허리도 아파 옵니다.

무릎을 꿇다 보니 무릎이 까맣게 되면서 아프기에 무릎 보호대를 했습니다. 그리고 홀 서빙은 구부렸다 폈다 하다 보니 허리가 아파 옵니다.

발등의 뼈가 시큰거리더니 둥그렇게 튀어 올랐습니다. 목동 매점의 일은 여기에 비하면 완전 새 발의 피였습니다.

집에 올 때는 서경대 뒷길과 아파트와 이어진 계단으로 내려옵니다. 그런데 어느 날부턴가 무릎이 버걱거리며 순간 발목도 시큰거려 깜짝 놀랄 때가 종종 있었습니다.

'왜 이러니, 너?' 다리를 달래 봅니다.

동생네가 자리 잡을 때까지는 도와줘야 하는데 제 몸이 아파도 그만두겠단 얘기를 차마 못 하겠습니다.

장사는 잘되는 날도 있지만 더러는 안 되는 날도 있습니다. 안 될 때는 마음이 불편하여 괜히 동생한테 미안해집니다. 동생의 작은 체구가 더 작아 보여 마음이 아픕니다.

손님 많은 날엔 바빠진 동생 모습에 생기가 살아 있어 보기 좋습니다. 잘되는 날엔 일하는 우리도 육신은 피곤하나 신명 납니다. 육신이 고달프더라도 손님이 많았으면 좋겠습니다. 일하는 사람들은 똑 같은 마음이랍니다.

출퇴근하는 세 시간을 길에다 허비하니 참으로 아깝지요. 그래서일까요, 지하철을 오가며 잠자는 시간으로 보냈습니다. 그럴 때면 피곤하여 눈만 감고 있겠다는 걸 깜빡 졸아 환승역 동대문운동장역을 지나 충무로역까지 가서 되돌아오기도 합니다.

반대로 집에 올 때는 동대문역사 환승장을 지나 청구까지 갔다가 되돌아오기도 했습니다. 그래도 지하철에서 잠깐씩 잠자는 시간은 행복한 시간이었지만 때론 고개를 떨구며 옆 사람에게 피해를 주기도 했습니다.

그러나 자꾸만 지나치는 바람에 요즘은 지하철에서 조는 대신에 책을 읽으며 다닙니다. 매점 다닐 때부터 읽었더라면 팔 년 동안 엄청난 책을 읽었을 텐데요. 지금이라도 늦지 않다는 생각에 잠자는 시간을 아껴 책을 읽기 시작하다 보니, 이제는 잠자는 시간보다 책 읽는 시간이 더 행복하게 되었답니다.

왜 진작 책을 읽지 않았을까 후회했지만, 그때는 고개를 살짝 숙이고 안 자는 척하며 잠자는 것도 나름 행복이었으니까요.

지하철 타는 시간은 밤 열 시 퇴근 이후입니다. 책 읽으며 가다 보면 가끔 엄마가 전화를 하십니다.

“왜요, 엄마.”

“네가 졸면서 더 갈까 봐 전화했다. 조심히 와라.”

“이젠 안 자요. 걱정 마세요.”

매점을 그만둘 날도 얼마 안 남았을 때였습니다.

어느 날 오후, 장사 시작 전에 미리 가서 매점을 정리하면서 아이들이 좋아하는 단단한 왕 오징어다리 하나를 입에 넣고 씹다가 갑자기 턱 관절이 틀어졌는지 입이 벌어져 다물어지지 않았습니다.

깜짝 놀라 입을 아무리 다물려 해도 안 되었습니다. 학생들이 올 시간이라 가게 문 열어 놓고 병원에 갈 수도 없는 상황인데, 엄청 황당한 일이 벌어진 겁니다.

동생이나 올케한테 전화하려 해도 턱관절이 틀어져 있어 당연히 말도 안 되니 당혹스러움에 아찔하여 어쩔 줄 몰라 했지요. 심장이 놀라서 벌렁벌렁, 가슴이 쿵쾅쿵쾅 뛰고 난리가 났습니다. 너무 놀라 환장할 일이었습니다.

‘주님, 저 어떻게 해요? 정말 저 어떻게 해야 되나요?’

정신없는 상황에서 턱관절을 누르며 위아래로 비벼 댔습니다. 겁도 없이 무조건 양턱을 주무르며 비벼 대고 있으니, 어찌어찌하는 순간에 툭 소리 나면서 턱관절이 맞춰졌습니다. 정말 어찌어찌 하다가 말입니다.

'어? 하', 턱관절이 제자리 찾아드니 입이 다물어졌습니다. 아프진 않았으나 어찌나 놀랐는지 순간 눈물이 핑 돕니다. 십 분 십오 분 사이에 일어난 일은 제 삶에 있어 최대 끔찍한 사건이었습니다. 잠시 주저앉아 넋 놓고 있었습니다.

'세상에 이런 일도 있을 수 있구나. 이게 턱 빠졌다는 거구나.'

놀란 가슴 가라앉히며 정신을 가다듬었습니다.

'주님, 감사합니다. 역시 전 아버지 딸이었음을 인정합니다. 늘 저를 도와주시고 계시네요.'

큰 사건이었지만 묵직한 울 엄마 닮아 소문 없이 저 혼자 삭혔습니다. 이때부터 마른 오징어라든가 딱딱한 음식은 절대 먹지 않습니다.

턱관절이 제자리를 찾았기에 병원 갈 일은 없었지요. 그러나 놀란 입 근육이 뻐근한 거 같아 그날부터 근육통약과 소염제를 사 먹으며 지냈답니다.

그러던 중 매점을 그만두고 이제 서빙이 시작되었습니다. 식당에서 몇 개월을 건강하게 지내면서 일을 해도 몸이 아픈 줄을 몰랐습니다.

주방 언니 말로도,

"고모님은 참 건강하시네요. 이 일이 힘든 일인데 처음 하시는 데도 아프지 않은 걸 보면 건강하신 거예요."

"나도 그렇게 생각해요. 감사하지요."

약 먹은 지 두 달 후라 입이 아프지 않기에 근육통 약을 끊었습니다. 그러고는 재미있게 식당일을 했습니다.

그런데 약 끊은 지 몇 달 후부터 왼쪽 옆구리가 결리고 등허리가 끊어질 듯한 통증으로 몸에 무리가 오기 시작했습니다. 앉았다 일어나려면 다리가 뻐근하고 어깻죽지가 무거워집니다. 오른쪽 새끼손가락의 마디뼈가 툭 불거져 붓고 아파서 구부러지지 않습니다.

주말에는 손님이 많아서 더욱 힘에 부칩니다. 동생이 잘되기를 바라는 마음으로 아줌마의 일당이라도 줄이라는 뜻에서, 일요일에 쉬던 것을 반납하고 월요일에 쉬었습니다. 그렇게 바쁜 주말을 뛰니 몸에 무리가 더 왔나 봅니다.

지하철을 타면 허리를 뒤로 젖히기보다는 앞으로 구부리는 자세가 훨씬 편해졌습니다. 그동안 입 때문에 먹었던 근육통 약과 소염제가 제 몸을 보호했었나 봅니다. 약을 끊고 나니 그 이후 몸이 통증을 느끼기 시작한 것입니다.

제 체력에 한계가 오니 식당 일이 이렇게 힘든 줄 몰랐습니다. 예전부터 등허리는 취약한 부분이기도 했지만, 이렇게 아플 줄은 전혀 생각도 못 했던 터라 오늘은 얘기해야지 하다가 그냥 또 넘어갔습니다.

그만두려 해도 돈도 필요하기에 말을 할 수 없었지요.

'다음 날 하루 더 견뎌 보고 얘기하자.'

그러기를 여러 날이 지났습니다. 역시 점점 더 아파 어찌할 바를 모르겠습니다. 절대 꾀부리는 건 아닙니다. 주어진 일에 성실한 편이지요.

오늘은 물건 담은 쟁반을 들다가 순간적으로 왼쪽 팔이 아프면서 떨어뜨릴 뻔하여 깜짝 놀랐습니다.

헉, 정말 큰일 날 뻔했습니다. 이제 더 이상 어쩔 수가 없어 올케한테 얘기를 했습니다.

"체력에 한계가 온 것 같아. 팔도 아프고 무릎도 아프고 등 허리가 너무 아파 쉬어야겠어. 아까는 음식 담은 쟁반도 떨어뜨릴 뻔했어."

올케도 동생도 쾌히 받아 주었습니다.

"사람 들어올 때까지는 나올게, 구해 봐."

"그럴 거 없이 사람 쓰면 되니까 내일부터 쉬세요."

동생이 당장 쉬라고 말해 주니 고맙네요. 그동안 눈물 날 정도로 허리 아파 정말 힘들었으니까요. 그런데 아픈 누나를 위해 아낌없이 낼부터 쉬라는 데 왜 서운할까요?

암튼 장세숯불구이가 잘되기를 바라면서 5월부터 시작한 식당에서 11월 21일까지 일하고 쉬게 되었습니다. 이렇게 식당 일은 일 년도 못 하고 두 손 들었습니다.

매점에서부터 장세고기 집까지 칠팔 년 동안 지하철을 타고 다니던 시간들이 마지막이다 생각하니 많은 아쉬움의 여운이 남습니다. 지하철에서 부족한 잠을 채운 것도 행복했습니다. 책 읽는 시간도 행복했습니다.

4호선과 5호선의 지하철은, 팔 년의 제 삶을 실어 나르는 애환이 담긴 고마운 저의 분신이었습니다.

빙글빙글
돌아가는 시간들

돈 버는 일을 안 하고 있는 저는 몹시나 자유분방하답니다. 칠팔 년이란 세월을 함께했던 동생네 가게 일을 작년 십일월에 그만두고 나니 용돈이 좀 아쉽기는 하지만 대신 나머지 제 인생을 즐기기로 했습니다.

딸은 시집가서 멀쑥한 남편과 세 살짜리 예쁜 딸 '비아'와 '복'이라는 태아를 기다리는 한 가정이 되었습니다. 금년 오월에 결혼한 아들도 사랑하는 제 처와 함께 허니문 베이비의 '행복'이를 기다리며 한 가정을 꾸리고 있습니다.

그들의 생활은 그들의 것이니 자식들한테 짐 지우지 않도록 잘 살아야겠지요. 이제 저는 울 엄마, 향란 여사의 삶과 저의 인생만 책임지면 된답니다.

처음부터 아들 내외를 내보내서 저희들 신혼살림을 하게 해야 했는데, 정 좀 붙이고 2년 후에 살림나자는 우리네 생각으로 함께 살게 되었습니다. 다행히도 며느리가 허락 하여 큰 불평불만 없이 잘 지내 주고 있습니다.

그러나 한편으로 생각하면 안쓰럽기도 합니다. 친구들이 신혼집에 오고 싶어도 못 오고, 친정 식구들이 오고 싶어 하셔도 못 오시고, 시집간 자매가 오고 싶어도 못 오고 친정 부모님들이 반찬 갖고 오고 싶으셔도 못 오십니다.

지내고 보니 이런 것들이 신혼부부들에게 불편한 점이네요. 그래서 착한 며느리에게 미안하여 낯선 집에 사는 게 아니라 제 집처럼 편하게 자유스럽게 해 주려고 노력하고 있습니다만 제 마음이 잘 전달되기를 바랄 뿐입니다.

일 년 후엔 신혼살림을 하도록 내보내야 하는데, 집 매매가 없어서 큰일입니다. 엄마 집이 팔려야 제 돈을 찾아 어떻게 해 보련만.

'아들아, 너희들 나가고 싶으면 기도 좀 하려무나. 할머니 집이 안 팔리면 너희들이 나갈 수가 없단다.'

저는 요즘 자유분방할 만큼 몹시 바쁩니다.

늘 하고 있는 제대 꽃꽂이와 전례와 레지오와 노인대학 봉사 말고도 월요일 저녁엔 선생님한테 장구를 배워야 하고, 화요일 저녁엔 우리끼리 장구를 쳐야 하고, 화요일과 목요일 낮엔 스포츠댄스로 운동을 해야 하고, 월·목·금요일은 오후 한나절을 북청의 돈돌날이 공연을 연습해야 합니다. 이제는 문화생활을 많이 즐기고 있습니다.

어김없이 빙글빙글 돌아가는 이 시간들이 제게는 아주 즐거운 시간입니다. 이제라도 늦지 않았다 생각하고 열심히 제 삶을 재창조하고 있습니다.

낮 두 시가 넘었는데 아들은 아직도 자고 있습니다. 며느리는 친정 엄마네 이사하시는데 짐 싸는 거 도와드리려고 인덕원엘 갔습니다.

한 달간 신혼휴가를 받은 신혼부부는 시간이 많다 보니 늦잠 자는 아들이 엄청이나 게으름을 피우는군요. 최고의 휴식을 만끽하고 있는 이 시간들을 잠으로 죽이고 있는 모습이 안타깝습니다.

이제야 일어난 아들은 밥도 굶은 채 피앙세 있는 인덕원의 처가댁으로 날아갔습니다. 한가로운 저도 모처럼 컴퓨터 앞에 앉아 이 글을 써 봅니다.

아~
나도 하고 싶다!

최근 어느 방송에서 스포츠댄스로 유명한 프로그램이 있었습니다.

유능한 프로들이 연예인들을 가르쳐 호흡을 함께 맞추며 하는 댄스의 매력은, 멋지고 열광적이고 아름다워서 즐겨 보는 이들에게 희망을 안겨 주었습니다.

저는 무엇이든지 일단 시작했다 하면 꾸준하게 끝까지 하는 편입니다. 그래서 어느 날 용기를 내어 송천관 주민센터를 찾아 요즘 붐을 일으키고 있는 스포츠댄스로 운동을 시작한 지도 5월이면 그럭저럭 2년이 되어 갑니다.

이 나이에 무리 없이 할 수 있는 운동이라 여유 있는 시간에 맞춰 용기 있게 시작한 것이, 이제는 즐기며 할 수 있어서 기뻐답니다.

처음엔 쑥스럽고 잘 익혀지지가 않아 어색하고 불편했지만, 그러나 이제는 서로를 알고 댄스도 좀 익혀 가고 보니 땀 흘리며 재밌게 시간을 잘 활용하고 있습니다.

일주일에 두 번 하는 운동이지만 힘들지 않게 몸을 유연하게 만들 수 있어 빠지지 않으려고 노력하고 있지요. 다행히 낮에 하는 운동이라 성당일이나 연아를 봐주는 일에 소홀하지 않아도 됩니다.

동사무소라 올해는 전기 절약으로 에어컨도 안 틀어 주는 한여름엔, 뻘뻘 땀 흘리는 운동이 끝나면 젖은 옷에서 땀 냄새가 배어 나오지만 온몸은 상큼하도록 개운하답니다.

요즘같이 추운 겨울엔 땀이 많이 나지는 않지만 다행히 온몸의 근육을 풀어 줘서 나름 시원하답니다.

'사십 대 시절에 에어로빅도 십여 년 이상 했었는데, 육십에 뒤늦게 시작한 스포츠댄스는 얼마나 할 수 있으려나.'

몸을 늘리는 룸바, 통통 튀는 자이브, 몸을 쭉 펴서 넓게 돌아다니는 경쾌한 왈츠, 어르신들이 좋아하는 지루박.

몸에는 무리하지 않도록 운동을 꾸준히 하여 체력도 단련시키며 스트레스 쌓이지 않도록 관리도 잘하고 있습니다.

또한 몸짱은 아니더라도 적당한 몸매 관리에도 도움이 됩니다. 아직은 뚱보도 아니고 깡마르지도 않은 중년의 여인으로 이 상태를 유지하는 것만으로도 제게는 줌마렐라가 될 수 있는 행복 지수의 스포츠댄스랍니다.

나 홀로
버킷리스트

2013년 9월 1일에 울 엄마 보내 드리고 난 후, 얼마 전 아들 가족까지 살림 내보내고 혼자가 되어 보니

'남은 내 인생을 어떻게 하면 후회 없이 잘 살 수 있을까?' 고민하게 되었습니다.

그래서 제 의지대로 되는 건 아니겠지만, 홀로 살아가는 버킷리스트를 뽑아 보았습니다.

* 즐겁게 긍정 마인드로 스마트하게 산다.
* 아까운 시간 배우면서 산다.
* 외로움을 느끼지 않도록 바쁘게 산다.
* 절대 게으르거나 우울하거나 무력하지 말자.

* 성당 봉사는 할 수 있는 데까지 한다(69세까지).
* 국내외 여행이나 영화 등등 문화생활을 즐기자.
* 외국 여행 갈 때는 내 돈이 있더라도 자식들에게 도움을 받자. 내 돈으로 가면 존심 상하고 자랑도 못 하니까!
* 아들한테 정해진 생활비는 꼭 받는다.
* 가족 행사 때는 나도 주머니를 열자.
* 내 가정이나 형제들에게 사랑을 베풀며 충실하자.
* 자식들에게 기대려 하지 말고 절대 피해 주지 않는다.
* 자식들이 오라고 사정하기 전엔 절대 방문하지 않는다.
* 여윳돈 있으면 자식들에게 주면서 살자. 죽을 때 주는 것보다는 살아 있을 때 줘야 그들에게도 도움이 되고 고맙다는 소리를 들을 수 있다.

홀로서기를 하는 것은 제 생전 처음이라 곰곰이 생각하면서 제 자신의 삶을 꾸려 보렵니다.

라갠
키카킥 키카킥

스포츠댄스를 시작한 지도 벌써 오 년.

몸에 익을 만도 한데 아직도 어설퍼 바닥이 미끄러워 넘어질세라 조심히 발돋움하며 열정을 불태웁니다. 마음은 바쁘고 몸은 따라 주지 않으나 음악 따라 톡톡 튀며 즐겨 보는 댄스에 땀으로 범벅되도록 몸을 풀어 봅니다.

낯설었던 박자 소리가 서서히 귀에 익어서 조금은 날렵해진 움직임으로 신나게 라갠 키카킥 키카킥….

이제는 제법 적당히 그런대로 추는 편에 속하여 왕초보를 떠나 아마추어 정도는 되었답니다.

육십 대 초반에 황무지에서 시작한 스포츠댄스는 중반이 되면서 물오르기 시작했습니다. 나이는 점점 들어가지만 굼뜨지 않도록 몸 푸는 즐길 거리라도 하나 만들었으니, 이렇게 만든 취미 생활이 제 삶의 크나큰 활력소입니다.

이제는 스포츠댄스가 제 삶의 동반자가 되어 기쁨으로 충만한 시간을 즐기며 어스름한 인생을 보내고 있습니다.

짝꿍 바꿔 가며 못한다고 타박도 하고, 잘못하면 미안하다 하고, 초보자 만나면 가르쳐 주면서, 서로 이해하며 보내는 즐거움의 시간들.

"라갠 키카킥 키카킥…."

음악이 있어 경쾌하고, 춤추는 친구들이 있어 즐겁고, 춤출 수 있는 건강 있어 감사하지요.

라갠 키카킥 키카킥!

지치지 않는
에너지

"언니는 혹시 시골서 살지 않았어요?"

"아니, 난 서울서만 살았어. 왜?"

"젊은 우리보다도 에너지가 넘치는 걸 보면 시골 살면서 나물 뜯어 먹은 게 혹시 산삼 먹은 게 아닌가 하고요."

며칠 전 늘푸른 봉사자들이 모여서 하는 얘기였습니다.

저녁엔 퇴근하고 오는 아파트 옆 라인에 사는 아니시아를 만났습니다.

"형님, 어디 다녀오세요?"

"동사무소 자치센터에서 장구 치고 오는 길이야."

"형님은 참 즐겁게 사시네요. 부러워요."

"뭔 소리, 자네들은 젊음이 있잖아."

"형님은 뭐든 잘하시잖아요. 언젠가 식사 자리에서 신부님이 형님 칭찬을 얼마나 했는지 몰라요. 사목회 연수 가서 레크리에이션 하면서 춤도 잘 추고 재미있게 하셨다면서요?"

"어이구, 그런 자리에서 내 칭찬을 하셨어?"

"그럼요. 다들 칭찬하셨어요."

"그랬어? 감사한 일이네."

오늘 아침엔 성당사목위원들 스물다섯 명이 함께하는 문필봉까지의 산행이 있었습니다. 저는 세 명의 젊은 여인들과 산행 중간 소나무 밑에 앉아쉬면서 시원한 바람을 맞으며 올라간 일행을 기다리고 있었습니다..

문필봉 꼭짓점을 찍고 내려오시는 분들과 함께 하산하여 식당에 앉아서 시장기를 채우면서 나누는 이야기 중에 또 누군가가 말합니다.

"사비나 누님은 몇 시간을 춤을 춰도 지치지 않는 분이라 놀랐어요. 몸도 어찌나 유연한지 저 연세에 사오십 대 건강을 지녔어요."

"맞아, 젊은이들이 못 따라간다니까."

일월 달에 사목위원 연수에서 있었던 지난 이야기를 다시금 모두가 듣는 데서 하는 말이니 흉은 아닐 테고, 칭찬으로 들으며 비실함보다 건강하게 보임에 감사했습니다.

내 젊디젊음을 다 바쳐 삼각산자락 아래서 살아온 햇수도 그럭저럭 사십오 년이 넘었습니다. 헉헉대며 산에 오른 것은 오늘로 두 번째였으니, 산을 오르는 일은 몇 시간 쉬지 않고 춤추는 것보다 훨씬 더 힘들었습니다.

아닌 게 아니라 저의 건강함은 아버지가 물려주신 것과 더불어 삼각산자락의 바위와 숲에서 불어오는 바람에 숨을 들이쉬며 살아온 덕이 아닐까 생각합니다. 다행히 많은 분들이 건강한 마음으로 좋게 봐주시므로 봉사하는 데도 많은 도움 되어 힘이 불끈 솟아납니다.

늘푸른대학 봉사를 하고 있을 때, 우리 어머니들도 저를 보면 말씀도 없이 엄지 척 내미시며 최고라는 표현을 해 주십니다. 이 맛에 길들여져 늘푸른대학을 떠날 수가 없답니다.

오늘은 모처럼 사목위원들과 땀 흘리며 마당바위 중턱까지라도 올라갔다 왔으니, 산삼을 먹은 거나 진배없었답니다.

여행과 맞바꾼
문화생활

노라조 모임에서 여행을 가기로 했으나 워낙 인원이 많아 날짜 맞추기도 힘들었지만 폭설로 인해 취소되었기에 대신 문화생활로 영화를 보기로 했습니다.

교중미사를 마치고 우리 노라조 모임의 열네 명은 성당 옆 맥도날드에서 만나 간단하게 햄버거로 요기한 후 미아 사거리에 있는 CGV로 영화를 보러 가기로 했습니다.

예매 시간이 한 시 이십 분이라 밥 먹기에는 시간이 부족해 우선 햄버거로 시장기를 채우고 출발했습니다.

성당에서 이십 분 정도 걸어 내려가는 동안 몸이 움츠려집니다. 방송에서 하도 춥다 하여 온몸을 꽁꽁 싸매서 견딜 만한데, 추위를 막을 수 없는 얼굴은 차가운 칼바람을 맞으니

살을 엔다는 말이 실감나도록 감각이 무뎌지는 걸 보면 정말 추운 날씨가 맞나 봅니다.

그러나 깡 추위를 견뎌 내며 무던하게 겨울을 보냈었기에 오늘의 칼바람 추위는 칠십 년대에 비하면 애교스런 추위에 불과합니다. 칠십 년대에는 처마 끝에 주렁주렁 매달린 고드름을 볼 수 있는 추위였습니다.

제일 따뜻하다는 코르덴바지를 입고도 진짜 살이 에일 정도의 추위와 맞서 싸우느라 얼굴도 트고 손도 트고 발가락엔 동상 걸린 시절을 보냈던 우리였습니다.

그에 비해 지금 시절은 한파로 춥다 하나 어디를 들어가든 따뜻하니, 잠시 걷는 시간 동안 오히려 시원함의 극치를 느끼기도 한답니다.

일 소대쯤 되는 열네 명은 예매된 좋은 자리에 나란히 앉아서 이인 일조로 나누어 준 달콤하고 고소한 팝콘을 부스럭거리며 먹느라 통 속으로 들락거리는 손들이 바쁩니다. 팝콘을 먹는 데 정신이 홀려 있어 본 영화가 시작되는데도 여전히 팝콘에 손이 갑니다.

영화의 진정성이 다가오면서부터는 팝콘 통을 가슴에 껴안고 영화에 집중하느라 팔이 뻐근해 오지만, 영화 속으로 빨려 들어가 숨죽이며 봅니다.

끔찍한 사건들에 놀라고, 아름다운 설경에 취하고 하늘을 찌르는 곧은 우아한 나무숲에 놀라고, 하늘에서 쏟아지는 보이지 않는 태양 빛에 눈부시고 광활한 대자연의 신비에 놀라고, 사람의 생명을 가볍게 여기는 배반자의 잔인함에 놀라고, 커다란 곰과의 사투에서 온몸을 난자당하는 모습으로 죽음의 문턱까지 갔다가 살아나는 끈질긴 생명력에 놀랍니다. 죽은 얼룩말의 내장을 빼내고 몸을 녹이고자 그 안에 들어가는 모습에 경악하면서 실화였다기에 더욱 소름 끼쳤습니다.

제목도 몰랐다가 영화가 끝나고서야 알게 된 〈레버넌트: 죽음에서 돌아온 자〉. 주인공인 레오나르도 디카프리오는 이십 년 전 가슴 설레게 했던 〈타이타닉〉의 잘생긴 미청년이었습니다.

이 영화는 아들의 죽음을 눈앞에서 본 주인공이 복수를 위해 처절하고 끔찍한 사지에서 생존하는 모습을 그려 내고 있었습니다. 마지막 끝나는 자막이 흐르는데도 세 시간이 어떻게 지나갔는지 자리에 앉아 있는 동안 그야말로 멍 때리다 일어났습니다.

시작부터 끝까지 마음 풀 겨를 없이 조이는 영화를 보고 밖으로 나오니, 차가운 바람을 맞고서 그제야 가슴이 뻥 뚫렸습니다. 그리고 곧장 발걸음을 바로 옆 건물의 추어탕 집으로 옮겼습니다.

여행 가는 것만큼이나 재미있는 시간은 아니지만 햄버거와 얼음이 들어 있는 콜라를 마시고, 팝콘을 끌어안고 긴 장편 영화를 본 후, 노닥거리며 추어탕 먹으니 나름 즐거운 시간이 되었답니다. 거기다 힘들게 저녁 하지 말라고 추어탕 이 인분씩 사 주니, 이게 웬 떡!

추어탕으로 땀 흘리며 배 빵빵하도록 먹고 밖으로 나왔습니다. 찬바람이 얼굴을 만져 주어 시원·상쾌함의 희열이 느껴졌습니다. 걸어오면서 아들네 들러 일 인분 건네주고 나오려는데, 사랑하는 며느리가 손수 태워다 줘서 편안하게 집에 왔답니다.

내일은 비아·비주 봐주러 동탄 딸네 집에 가기로 한 날입니다. 부부가 같이 랜드마크 포럼을 들어야 한다나요?

추어탕 일 인분은 사랑하는 사위 먹으라고 주고 와야겠습니다. 사위 사랑은 장모라는데, 얄팍한 사랑이나마 줄 수 있어 다행입니다.

며느리 사랑은 시아버지건만 사랑해 줄 시아버지가 안 계시니 울 며느리는 시아버지 사랑을 못 받아 안타깝네요. 사람 좋아하는 남편이 있었다면 며느리에게 사랑을, 사위에게 사랑을 듬뿍 주었을 텐데 말입니다.

내일은 명동에서 한 사십 분간 쉬지 않고 달려가는 동탄행 버스를 탈 겁니다. 노라조의 여행이 깨졌으니 쉬지 않고 달리는 창밖의 풍경을 보면서 여행의 즐거움을 느껴 보렵니다.

늦었다고 생각할 때
새로운 창조를

카톡에 올라온 어느 어르신의 글이 기억납니다.

'젊었을 때 열심히 살았고 실력도 인정받아 존경도 받았으니 은퇴도 당당하게 할 수 있었답니다. 정년퇴직 후 덤으로 사는 삶이라며 덧없고 희망 없는 삼십 년을 고통 없이 죽기만을 기다리며 안일하게 보냈는데 구십오 세가 되어도 살아 있음에 지난 삼십 년을 헛되게 보냈음을 후회하셨습니다. 지금은 구십오 세이지만 늦었다고 생각할 때 뭔가를 새로 시작하는 것도 후회하지 않은 삶이라 생각되어 어학 공부를 시작하신다고 합니다. 십 년 후에 살아 있을 때 아무것도 시작하지 않은 것에 후회하지 않기 위해서랍니다.'

저 또한 칠십을 바라보기 전까지는 뭔가를 하면서 눈코 뜰

새 없이 엄청 바쁘게 살아왔습니다.

칠십이후엔 모든 걸 손 놓고 안일하게 살 생각을 하고 있었는데, 어르신의 글을 보고 나서 십 년 후 제가 살아 있을 때 '그동안 난 뭘 했을까?' 제 삶을 돌이켜 보며 후회하지 않으려면 지금부터라도 뭔가를 찾아서 해야 할 것 같습니다.

오늘은 아침나절에 종로에서 젊은 두 올케를 만나 점심을 먹고 들어왔습니다. 둘째 올케는 목적이 있어 창과 소리를 배우느라 열심히 살고 있습니다. 막내 올케는 세무 쪽 일에 열심히 종사하는 프리랜서입니다.

그 모습을 보면서 저도 '새로운 일을 창조해야 되지 않을까?'라는 생각을 해 봅니다. 칠십이라는 나이도 적지는 않지만 살다 보니 많다고 볼 수도 없네요.

백세시대라지만 힘없는 구십부터는 그냥 덤으로 살아 있다고 생각하면 칠십에서 팔십 대까지의 마음은 '야야야~ 내 나이가 어때서~'라고 외칠 수도 있겠습니다.

아직은 그래도 뭔가를 해도 될 것 같아 이렇게 마음은 앞서고 있건만 무엇을 해야 할지….

호호호, 어색한 웃음만 흘러나옵니다.

하나, 둘,
셋, 네엣, 퉁!

친구 따라 수유리에서 볼링을 시작한 지 오늘로 꼭 한 달째 되는 날, 에버리지는 구십구였습니다. 처음 시작할 때 삼십에서 오가던 점수가 이제는 백에 가까워졌으니 엄청 늘었지요. 힘들 거란 볼링이 오히려 즐거움을 주고 점점 높아지는 점수에 희열을 느끼게 해 줍니다.

월요일과 수요일에 하는 볼링은 나라에서 복지 혜택을 주어 실버들은 무료로 두 달 반 동안 볼링장에서 볼링을 할 수 있는 혜택을 누리고 있답니다.

버킷리스트의 약속대로 육십 아홉이라 성당에서 늘 하던 모든 봉사에 손을 떼고 났으니 이렇게 힐링의 시간이 저를 기다리고 있었습니다. 새로운 세상으로 눈을 돌려 보니 인생의 또

다른 요리한 묘미가 있네요.

볼링 치는 자세와, 점수가 어떻게 생기는 건지, 팔 다치지 않도록 던지는 자세를 알려 주시는 코치님의 말씀에 귀를 기울여 열심히 경청합니다.

결석하지 않고 이론과 실천을 하며 열심히 쳤더니, 한 달 사이에 실력이 많이 늘었습니다.

공이 두 번다 옆으로 빠질 때는 논두렁·밭두렁으로 빠졌다며 실망을 합니다. 때로는 뜻하지 않게 스트라이크를 칠 때면 방방 뛰며 신이 납니다. 스페어 핀도 처리했을 때의 희열은 또 다른 행복이 춤을 추는 기분입니다.

금년 여름휴가 때 가족들끼리 통영 금호리조트에서 볼링을 쳤을 땐 저 때문에 사위 팀이 점수가 안 나와 꼴찌를 했었습니다. 그러니 내년 가족들 휴가에서 볼링을 치게 되면 사위 편이 되어 모두를 깜짝 놀라게 해 줘야겠습니다. 아직은 가족들에게 볼링 친다는 걸 비밀로 할 겁니다.

'하나, 둘, 셋, 네엣, 퉁!'

떨어지며 구르는 소리만 들어도 잘될 거라는 혹은 안 될 거라는 판가름의 느낌도 전율되어 옵니다. 한 라운드에서 두 번다 꽝일 땐 엄청 허망하면서 창피합니다.

그런데 오늘은 스트라이크도 잘 나오네요.

라인댄스 공연과 금메달

2018년 10월 23일, 강북복지관대표로 참석하게 된 우리 라인 팀은 라인댄스 공연을 위해 목동KBS 아레나 홀에 들어갔습니다. 우리는 서울시 각 구 대표로 참가한 35개 댄스 팀들과 공연을 하면서 즐거우면서도 가슴 설레는 하루를 보냈습니다. 게다가 응원팀과 라인 공연 팀들을 버스에 태워 모시고 갔다가 모시고 와 주어 어르신의 대접을 융숭히 받으니 쑥스러우면서도 좋았습니다.

그동안 이 공연을 위해 복지관에서 한 달간 일주일에 두 번씩 수업 전에 연습을 했습니다. 주일이면 솔밭공원까지 가서 연습한 노력의 결실을 맺기 위해 모두들 틀리지 않으려는 긴장감이 우리들 가슴을 두근두근 쫄깃하게 만들었습니다.

우리들 나이는 어르신 대접을 받을 만한 평균 연령 칠십오 세이지만, 풍기는 체력들은 육십 대 중반으로 보이는 정열의 라인댄스 팀들이었답니다. 오늘 댄스 공연은 등수 매김 없는 각 복지관의 한바탕 놀이 마당이었습니다.

우리가 입은 의상은 치마가 달린 하얀 바지와 스팽글이 박힌 빨간색 상의로 눈에 확 띄어 화려하고 예뻤답니다. 이 나이 육십팔 세에 이런 옷을 입다니요. 이래 봬도 여기선 제가 막내랍니다.

음악이 빠른 템포에 동작을 척척 맞추며 줄맞춰 사방 돌아가는 라인댄스는 엄청 잘 췄다는 칭송도 많이 들었습니다. 저는 빠진 자리 채우느라 늦둥이로 들어가 합류하여 한 달간 연습에 몰입한 결과로 실수하지 않았기에 얼마나 다행인지 모릅니다.

서울시 주체이므로 모든 공연 팀들에게 격려의 금메달이 나왔나 봅니다. 한 주 뒤, 라인댄스 수업 끝에 복지관에서 제일 높으신 관장님이 오시어 무대 위에서 공연한 사람들에게 금메달을 일일이 걸어 주십니다.

올림픽에서 금메달을 목에 거는 느낌이 이런 걸까요?

"와, 금메달이다!"

하며 장난스럽게 깨물어도 봅니다.

많은 회원들의 박수갈채를 받으며 금메달을 받는 감동과 감격의 순간은 칠십 대로 넘어가려는 육십 대 끝자락 시월을 보내는 즐거운 삶의 장식이었습니다.

이래서 저희 집 거실 한쪽 벽에는 자랑스러운 금메달이 걸려 있답니다. 집 안을 오며 가며 보는 황금메달은 언제나 저를 미소 짓게 합니다.

'황혼의 인생은 이제부터 시작~!'

강북구의회 의장의 표창장

2019년 4월 어느 날.

작년에 당선된 구 의원님으로부터 한 통의 전화를 받았습니다. 효부상에 추천하겠다 하네요.

"아니, 제가 무슨 효부상을 받아요?"

"성당에서 어르신들 공경하며 어르신들 모시고 즐겁게 해 드리잖아요. 그래서 자매님을 추천합니다."

"그건 당연히 제가 해야 할 일이라서 한 건데, 효부상 받을 일은 아니지요."

"어르신들에게 그렇게 잘해 드리고 보살피는데 자매님은 자격 있어요."

"효부상? 아유, 쑥스럽게 어떻게 받아요. 안 할래요."

생각도 못 한 일이라 부끄럽기도 하여 극구 사양했습니다만, 성당에서 어르신들이 즐거워하시는 모습을 보셨음이라 더 이상 사양도 할 수 없어 추천해 주셔서 감사하다며 결국 받아들였습니다.

'나라에서 주는 효부상을 내가 받아도 되는 건가?'

얼떨떨하건만 표창식은 아직 한 달이 남아 있으나 걱정이 앞섭니다.

'옷은 뭘 입어야 하지? 한복, 아니면 정장? 그냥 평범하게 입어야 하나? 자식들에겐 얘기를 해야 하나, 말아야 하나? 그런데 구의회 본관이 어디에 있지?'

하~ 쑥스럽다며 극구 사양하던 제가 이런 걱정을 하고 있습니다.

그렇게 한 주가 지나고 두 주 지나서 삼각산 주민자치센터에서 전화가 왔습니다.

"효부상 받는다는 연락을 받았습니다. 축하드립니다. 표창식 날 두 시쯤 주민센터로 오시면 동장님과 차 한잔하시고 함께 모시고 가려고 하는데 괜찮으신지요?"

라는 담당자의 전화를 받고는 당장

"그러겠습니다. 제가 송천동 주민센터로 가겠습니다."

"아니요, 여긴 삼각산동 주민센턴데요."

"아, 맞다! 죄송해요. 삼각산 주민센터 몇 층으로 가면 되나요?"

"일층으로 오시면 가운데 방에 동장님 실이 있습니다. 선생님께서 두 시쯤 오시면 차 한잔하시고 십 분쯤에 출발하겠습니다."

"네, 알겠습니다. 두 시 전에 도착하겠습니다."

"아니에요. 바쁘신데 두 시까지 오시면 됩니다."

친절하신 담당자께 감사하다 인사를 하고 전화를 끊으면서 주책스런 제 모습에 실없이 웃었습니다.

분명 저는 삼각산동 주민입니다.

그런데 교통이 좋은 관계로 송천동 주민센터를 많이 이용하다 보니 저도 모르게 머리로는 삼각산 주민센터를 그리면서 습관적으로 송천동 주민센터로 말했던 거죠.

나이 먹으면 생각도 짧아지나 봐요.

드디어 약속된 날.

오전에 삼각산동 주민센터 담당으로부터 확인 전화가 다시 왔었는데 못 받았더니 메시지가 들어와 있었네요.

전화를 걸어 통화를 하니 두 시까지 주민센터로 오시면 모시고 가겠다는 친절함이 제게는 무한 감사했습니다. 그렇잖아도 교통도 안 좋고 구의회 위치도 몰라 택시를 타려 했었던 걱정이 없어졌으니 얼마나 다행인지요.

두 시를 일 분 앞두고 주민센터에 들어가 담당자를 만났습니다. 접대실 책상에 풍성한 꽃다발이 두 개가 마련되어 있는 걸 보니 저 말고도 또 다른 분이 계시나 봅니다. 그분은 따로 가신다고 했답니다.

저 혼자 기다리고 있다가 십 분쯤에 동장님과 함께 공무집행 차인 트럭에 오르는데, 높다 보니 중간 발판을 밟고 뒤뚱거리며 올라탔습니다. 에고, 높아서 젊잖게 오를 수가 없었네요. 다행히 같이 동행해 주시는 담당자 자매님이 도와주셔서 잘 올라갔습니다.

동장님도 짐 실어 나르는 공무집행 트럭 앞좌석에 오르셨습니다. 이렇게 주민을 위해 도움을 주시니 마음이 한결 안정되어 떨리지 않았습니다.

구의회장에 들어가서도 담당 선생님의 안내를 받아 엄청 편했습니다. 반갑게도 삼각산동부녀회장이 같이 상 받을 분을 모시고 왔네요. 한식구라고 저까지 챙겨 주니 고마웠습니다. 예전에 알았던 부녀회장을 만나니 더더욱 순조롭게 임하게 되었지요.

강북구의회에서 주는 이백균 의장님 상이었습니다. 각 구의원님들이 참석하여 함께 축하해 주는 가운데 표창 전달식이

진행되는 의장 안은 웃음과 기쁨의 열기로 후끈 달아올라 있습니다.

강북구에서 효자효부 및 선행자 표창 대상자는 48명 선정 중에 제가 한 사람으로 끼어 있어 몹시 쑥스럽기도 하고 자랑스럽기도 합니다.

아직은 식전이라 구 의원들이 인사를 다니십니다. 저를 추천해 주신 구 의원도 모두에게 인사를 나누며 제 앞에도 오셨기에 추천해 주셔서 감사하다며 인사를 표했습니다.

다른 구 의원들도 오셔서 표창자들 모두에게 악수를 청하며 인사 받으니, 서서히 기분이 상기되는 걸 보며 '상 받는다는 것이 이런 기분이구나!' 하는 생각에 기쁨이 스멀스멀 가슴으로 올라옵니다.

"국기에 대한 경례! 바로!"

칠십 나이에 오랜만에 해 보는 국기에 대한 경례는 교복 입었던 학생 때가 생각나 참으로 감회가 새로웠습니다.

의장님이 한 사람 한 사람에게 표창장을 전달하며 오시더니 드디어 제 앞에 섰습니다. 일어나서 표창장을 받고 악수한 후 사진을 찍고 나서야 효부상을 받았다는 실감이 나면서 가슴이 뜨거워졌습니다.

표창식을 마치고 나서는 기념으로 단체사진도 찍고 구 의원들과도 찍고 개인 사진도 찍다 보니 어느새 저는 이 시간을 즐기고 있었습니다. 쑥스러웠던 감정은 내팽개치고 뿌듯하게 즐거운 시간을 나누었습니다.

이십 년 동안 늘푸른대학 어르신들과 함께한 즐거웠던 시간들이 오늘의 저를 있게 만들어 주었으니 하느님께 감사했습니다.

따로 마련된 소찬을 나누며 화기로운 시간을 가진 후, 삼각산동 식구들이 모여 동장님 따라 듬직한 공무집행 트럭에 올라타고는 제가 사는 아파트 동 앞까지 데려다주셨습니다. 삼각산 주민센터 덕분에 아주 편하게 표창장을 받을 수 있어, 두고두고 오늘 하루를 정말 감사하고 행복한 날로 기억할 것 같습니다.

'엄마, 아버지! 저 효부상 받았어요. 나라에서 주는 상이에요. 가문의 영광이지요. 하늘에서라도 기뻐해 주세요.'

탁자 위에 표창장 액자를 세워 놓고 주민센터에서 주신 풍성한 예쁜 꽃다발도 옆에 놓고 사진을 찍어 대박가족 톡방에 올렸습니다. 곧이어 가족들 모두가 축하 메시지를 보내오는데, 역시나 가문의 영광이라는 축하 메시지도 받았습니다.

보고 또 보는 표창장은 제 마음을 행복하게 해 주었기에 성당 어르신들께도 마음으로나마 감사드렸습니다.

표창장은 그대로 탁자 위에 두고, 대신 서서히 시들어 갈 풍성한 꽃은 예쁘게 마르도록 에어컨 위에 보기 좋게 올려 두었답니다.

오늘은 정말이지 가슴 울리게 하는 행복한 하루였습니다.

학교 앞 교통 도우미

'2월 달부터 나랏돈 받으며 교통 도우미 시작했습니다.'

'캬, 역시 고모는 팔방미인이시네요.'

'우리 고모 멋지네요!'

'요즘 날씨 추운데 괜찮으세요?ㅠㅠ'

'그러게. 날이 너무 춥고 코로나병도 유행이니 건강 챙기며 하세요~'

'멋져요, 날 추운데 따뜻하게 입고 가세요♡'

'멋져부렁~ 그러게요, 급 날씨 추워졌는데…. 담부터 날씨 풀린다지만 오전에는 계속 추우니 몸 따뜻이 하세요~'

'어제오늘 핑크 오리털 위에 파란 오리털 코트 두 개 껴입었어. 가벼운 거로 많이 껴입어서 춥지 않아요. 애들과 엄마들

이 감사하다며 인사하고 건너가는데 보람 있구먼.^^'

'우와! 그럼 엄만 삼각산 초등학교에서 하시는 거예요?'

'그럼 우리 연아가 할머니를 아침에 볼 수 있겠네요.'

'미양초 앞이래. 아~ 삼각산으로 가시지.'

'1지망 삼각초교는 신청자가 많아 떨어지고, 2지망으로 미양초교 앞 소방서 바로 옆 건널목에서 오후 1시부터 3시까지 합니다.'

'나도 엄마처럼 나이 들어야지.'

'비아도 이담에 할머니처럼 살겠다네요.'

'헐, 더 멋진 인생 사세요. 따님^^'

'나도 엄마·아빠처럼 살아야지~'

'에고~ 그대들은 더 멋지게 살아야지요. 아들딸 덕분에 이런 일도 하게 되는구먼. ^^ 손녀들 안 보니까 시간도 돈 벌며 때우니까 좋아요.'

'인생은 즐기면서 사는 거니까 힘닿는 대로 하실 수 있는 일은 다 하면서 사세요! 사람 몸은 일부러라도 많이 움직여야 하는데 일석이조네요. 코로나와 추위만 조심하시고요.'

'고모, 넘 멋져요! 보람 있는 봉사도 하시고, 돈도 받고, 교통 도우미 잘하셨어요.^^'

'긍정 가는 대가님에게는 늘 행운의 기회가 따르죠~^^ 몸도

맘도 항상 건강하시길 바라요.'

'하하하….'

'그래도 사람 많은 곳은 꼭 피하시고요, 어찌 됐건 조심하고 예방해서 안 걸리는 게 최고니까요. 혹시 모르니까 마스크도 있으시면 하시고 다니세요. 날씨도 추운데 보온 효과도 있으니까요.'

2020년 2월 3일부터 시작한 교통 도우미는 노란 조끼를 입고 명찰 목에 걸고 빨간 교통 봉을 들고 아이들을 잘 건너게 하는 일입니다. 차량들도 오토바이도 신호등 무시하고 가려다가 봉으로 막으면 멈칫하며 서 주기에, 아이들을 무사히 건널 수 있게 합니다.

처음엔 부끄럽기도 하고 허리도 아프고 다리도 아프더니만 삼 일쯤 지나고 나니 몸도 풀어져 할 만했습니다. 작심삼일 될까 봐 걱정했는데 말이지요.

다행히 춥다는 핑계로 마스크를 쓰고 하니까 얼굴도 가려져 창피하지 않아서 다행이었습니다. 게다가 학생들과 엄마들은 길 건너며 "감사합니다.", "수고하십니다." 인사하니 기쁜 보람을 느꼈습니다.

'이 나이에도 할 수 있구나.' 어깨를 으쓱거려 거려봅니다.

자신감도 생겨 삼 일 지나 교통 도우미 복장을 입고 사진 찍어 가족 카톡방에 올렸더니, 가족들의 응원이 난리 났습니다. 못하게 할 줄 알았는데 가족들의 열화와 같은 응원에 깜짝 놀라 마스크 쓰는 게 부끄러워졌습니다.

그런데 코로나바이러스로 인해 마스크를 안 쓸 수가 없네요. 대신 앞으로 코로나가 종식되면 가족들 응원에 힘받았으니 떳떳하게 마스크를 벗을 수 있겠습니다.

해 넘기기 전엔 육십 킬로 이상이었는데,
이제 해 넘어 칠십 대가 시작되니
세월 또한 칠십 킬로로 달려가겠지요
앞으로 움직일 수 있는 세월은 기껏해야
오 년으로 잡고 있습니다

4부 / 이제부터 칠십 킬로

육십 킬로 인생을 시작하며

'새해 복 많이 받으세요.' 하고 인사 나눈 지가 엊그제 같건만 벌써 한 달이 지나 이월이 시작되었습니다.

오십 킬로로 달리던 시간의 초침이 이제는 육십 킬로로 달려갑니다. 왜 이렇게 시간이 빨리 달려가고 날짜가 빠르게 뛰어가는 걸까요?

'제발 시간 좀 늦춰 줘요!'라고 소리치고 싶습니다.

날짜 가는 것이 너무너무 야속하며 안타깝습니다. 할 일을 찾아보니 뭔가 많은 것 같기도 했는데, 막상 하려니 딱히 무엇을 해야 하는지 알 수가 없었습니다.

과거의 잠꾸러기였던 제가 이제는 잠을 잔다는 것을 두려워합니다. 깨고 나면 또 하루가 지나가는데, 그렇다고 안 잘 수도 없고요. 내일은 뭔가 새로운 일이 일어나기를 바라면서 오늘도 잠을 청합니다. 그러나 세상 걱정 혼자 다하는 것처럼 잠을 못 이루는 것을 어쩌면 좋을까요.

학창 시절 지나 풋풋하고 아리따운 아가씨였을 땐, 원숙한 차림이 어울리길 바라며 시간이 빨리 가기를 기다렸던 시절도 있었는데…. 그러나 이젠 나이를 줄이고 싶고, 젊어지길 원하는 시절이 되었네요. 저의 욕심이 과한건지, 아니면 당연한 건지요.

아무리 나이를 속인다 해도, 아무리 젊어지려고 발버둥 쳐봐도 나이는 못 속인다는 말이 맞는 것 같아요. 심하지는 않지만 서서히 이상 증세가 나타나기 시작했습니다.

허리가 아픈 것 같고, 가슴에 혹이 생긴 것도 같고, 계단을 오르다 보면 엉치도 뻐근하고, 왼쪽 치아는 씹기도 힘들고, 혈압도 약간 높아져서인지 뒷골의 목 줄기도 뻐근한 거 같습니다.

저는 건강에 자신이 있었기에 평생 아프지 않을 줄 알았습니다. 그런데 어느새 이렇게 되었는지 세월 앞에 장사가 없다지요. 마음이 서글퍼지고 가슴이 아려 옵니다.

가는 시간과 가는 세월을 멈출 수 없기에, 이제는 오히려 저를 시간 속에 맡겨 보려 합니다. 부귀영화를 누리던 진시왕도, 삼천궁녀를 거느렸던 의자왕도, 궁 안을 휘두르며 악독했던 미모의 장희빈도, 절세미인 양귀비도, 세상에 제일가는 아름다움의 클레오파트라라 한들, 가는 세월 앞에는 한 줌의 흙이 되었기에 위로받습니다.

한 줌의 흙이 되기 전에 육십 킬로로 달리면서 세상을 향해 좀 더 보람된 소중한 저의 길을 찾아야겠습니다.

분노와 미움과 짜증을 버리고 긍정으로 이해하면서 세상의 빛과 소금의 모습이 되어 평화와 기쁨을 알리는 존재 말입니다.

이제는 까칠하지 않고 빡빡하지 않는 따뜻한 마음으로, 좁은 소견보다는 너그럽고 후덕한 길을 가야겠습니다. 사랑을 받기보다는 사랑을 베풀며 달려야겠습니다.

흘러간 세월은 절대 돌이킬 수 없는 것이기에 잘 살아야겠지요. 남들과 원수 되지 않고 미움받지 않고 왕따당하지 않는 삶.

인생, 뭐 특별한 것 있나요? 지난 세월에 연연하지 않고 미래의 세월도 걱정도 하지 말고, 좋은 생각으로 현재의 시간을 만족하면서 제게 주어지는 일과 삶을 열심히 행복하게 살아가려고 합니다.

오늘도 육십 킬로의 제 인생 여로를 열심히 힘차게 높이 뛰어 봅니다.

훌라후프의 위력

지난주 월요일 저녁에 모처럼 훌라후프를 돌렸습니다. 일 년에 한두 번 정도 생각나면 가끔 하는 운동입니다.

가벼운 훌라후프는 하는 둥 마는 둥이라 무게가 좀 나가는 울퉁불퉁한 훌라후프와 함께 엮은 것을 돌리는데, 돌리고 나면 허리 주위가 근질근질합니다.

십 년이 넘은 훌라후프는 버리기도 아까워서 보관하고 있지만 잘 거들떠보지도 않다가, 베란다에서 늘 손길을 기다리고 있던 훌라후프가 눈에 띄어 금년 들어 첨으로 제 허리에 감아 돌려 보았습니다.

그날은 갑자기 뱃살을 넣고 싶은 마음이 들었죠. 그래서 아주 오랜만에 훌라후프를 연속극 보면서 한 이십 분 정도 돌리는데, 뼈에 닿을 때마다 뼈들이 춤을 춥니다.

그것도 운동이라고 아침에 일어났는데 오랜만이라서 그런지 허리 주위가 근질거리며 허리둘레에 있는 뼈들이 제법 뻐근했습니다.

다음 날은 그런대로 운동도 하면서 별 무리 없이 잘 돌아 다녔습니다. 그리고 수요일은 등줄기가 좀 더 뻐근하여 약을 먹은 덕분인지 또한 무리 없이 돌아다녔습니다.

문제는 그다음 날 목요일 아침이었습니다. 일어나 보니 허리가 구부러지지가 않아 앉아 있기도 서 있기에도 불편하도록 아주 어정쩡합니다.

그래도 성당도 가야 하고 운동도 가야 하고 북청도 가려고 옷을 입는데 어찌나 불편한지 양말을 신을 수 없을 정도로 몸을 움직일 수 없을 만큼 뻣뻣하여 순간 걱정이 확 들었습니다.

'등뼈가 부러졌나? 등에 근육이 마비됐나? 이대로 몸이 망가져 버리면 어쩌지?'

울고 싶은 심정으로 별별 걱정이 다 들었습니다.

통증은 없었으나 허리가 구부러지지 않았습니다. 성당에 가려고 나섰다가 도저히 안 되겠기에 한방병원을 가기로 하고 아파트 안에서 택시를 잡았습니다. 택시를 타려는데 몸이 전혀 구부러지지 않아 온몸을 빼쩡하게 세워 조심조심하며 겨우 올라탔습니다.

'지금까지 내 무기는 건강인데 이게 웬일이람.'

동네 한방병원을 찾아갔더니 침대도 없는 병원이라 바닥의자에 앉은 상태로 침을 맞는데 주치의가

"왼쪽 양말을 벗으세요."

"저… 허리가 구부러지지 않아서 양말을 벗을 수 없어요. 죄송하지만 벗겨 주세요."

양말이 벗겨지고 왼쪽 다리에만 몇 개의 침이 들어갔습니다. 양팔로 중심을 잡고서 몸을 뒤틀며 앉은 상태로 침을 맞는 불편한 환자가 되었습니다.

좀 있다가 다른 환자를 돌보고 오신 선생님이 어떠냐고 물으시기에 별다른 소식이 없다고 하니 침을 돌리면서 더 깊숙이 쑤십니다.

"아야!"

다리가 찌릿해 오는데, 순간적으로 나오는 비명 소리에 제 자신도 뜨끔했습니다.

맞고 있을 땐 모르겠으나 침을 빼고 나서야 갑자기 허리가 좀 시원해진 것 같기는 한데, 집에 올 때도 허리를 구부릴 수가 없어 아예 양말을 신지 않고 나와 택시를 탔습니다. 침을 맞아서 그런지 기분 때문인지는 몰라도 올 때보다는 좀 수월

하게 탈 수 있었습니다.

그러나 집에 오니 마찬가지로 별 차도 없이 행동이 뻣뻣해졌습니다. 딱 한 방의 침으로 다 낫을 거라 생각했는데 그게 아니었나 봅니다. 환자의 몰골로 누워 있기도 앉아 있기도 힘든 제 꼴이 처량하네요.

'아, 옛날이여!'

팔딱거리던 엊그제가 무척 그립습니다.

아침에 일어난 금요일은 미사 해설도 하는 날입니다. 꾸리아와 레지오도 있는 날이고, 영세식 꽃꽂이도 해야 합니다.

성당 가겠다고 맘먹고 어렵사리 옷을 입고선 엄마한테 양말 좀 신겨 달라 했습니다. 그런데 어제보다 더 심한 것 같아 도저히 움직일 수가 없었습니다. 성당이든 꾸리아든 레지오든 몸이 따라 주지 않으니 정말 답답합니다.

미사해설은 아침에 급히 데레사에게 부탁했습니다. 그리고 꽃꽂이는 하루 전이라 소화데레사에게 부탁했습니다. 급작스런 부탁인데도 그들은 고맙게도 선뜻 받아 주었습니다.

결국 그 시간에 또 다른 한방병원을 찾아가 이번엔 침대에 누웠습니다. 뜨거운 팩으로 등허리에 찜질을 하고 부황을 뜨고 뜸을 뜹니다.

'나도 이럴 때가 있구나.'

허리와 양쪽 다리에 침을 맞고 엎드려 있는데, 이렇게 움직일 수 없는 몸이 되고 보니 한심스럽습니다. 이런 일로 한방병원을 찾은 것도 처음 있는 일이었습니다.

제발 낫기를 바라면서 성령께 도움을 청하며 오랜만에 심령기도를 해 보았습니다. 침을 꽂은 채 엎드려 있으면서 별의별 생각이 다 들었습니다.

'벌써 이 나이에 몸을 못 쓰면 큰일인데 어쩌나?

며느리는 연아 하나보기도 힘든데, 울 엄마도 며느리에게 맡겨야 하고 나까지 며느리의 시중을 받는다면?'

말도 안 되는 만약이라는 상상을 해 보니 으이그, 끔찍합니다. 울 엄마는 모처럼 아픈 제게 말을 하십니다.

"네가 아프면 안 되는데 큰일이다. 그 훌라후프는 왜 해가지고 그래. 당장 갖다 버려라."

하시니 순간 훌라후프가 죄인이 되어 버렸습니다. 갑자기 이것저것 할 일들이 모두 중단되어 버렸습니다.

일요일엔 은행나무 축제에서 사물놀이 공연이 있어 오늘 저녁엔 연습도 가야 합니다. 내가 없더라도 공연이야 할 수야 있지만, 한 사람의 힘이라도 보태지면 서로 위안이 되겠기에 꼭 가려고 했습니다.

그런데 마음만 앞섰지, 몸이 도와주질 않네요. 이대로는 도

저히 움직일 수 없는 상황이라 어쩔 수 없이 공연에 참석 못 한다는 연락을 미리 취해 놓았습니다.

마음은 아프지만 제가 하는 모든 일에 마음을 내려놓기로 했습니다. 그러나 은행나무 축제에 인원이 없는 걸 아는지라 못 간다곤 했지만 마음은 내내 부담스럽고 껄끄럽습니다. 토요일 아침엔 울 엄마도 모시고 어제 갔던 한방병원에 가서 물리치료와 침을 맞았습니다.

어제 한 번 맞고는 생각보다 훨씬 많이 좋아졌습니다. 오늘은 더 좋아지기를 바라면서 감사기도 하는 걸 잊지 않았습니다.

묵주기도를 하면서 예수님 성모님께 의탁하는 것은 믿는 이들만이 할 수 있는 유일한 자녀의 자격이랍니다. 제게 믿음이 있다는 것이 이럴 때 위안이 되었습니다.

엎드려 침을 맞고 있으면서 낫는다는 느낌이 확확 다가오고 있습니다. 뜨거운 찜질이 온몸을 시원하게 유연하도록 만들어 줍니다. 침이 들어가는 것도 아프지 않게 놔 주시니 맞을 만합니다.

"저 혹시 뼈가 부러진 건 아니지요?"

"훌라후프 돌려서 뼈가 부러지는 일은 없습니다. 환절기라 근육이 놀랐을 겁니다."

다행히 뼈는 이상이 없다니 한시름 놓았습니다.

어쨌거나 아파 보니 신체 중에 어느 한 군데라도 못 쓴다면 그건 참으로 불행한 일이라는 걸 깨달았습니다. 애들 낳을 때 병원 들어간 것 말고는 아파서 병원 신세를 진 건 이번이 제 생전 처음이었습니다.

몸이 불편해서 돌아다니지 못한다는 건 참으로 불행하단 것을 새삼 느끼면서 아프지 말고 움직일 수 있을 때 열심히 돌아다녀야겠습니다. 움직일 수 없다는 건 인생의 종지부를 찍을 수밖에 없다는 생각을 잠시나마 해 보았습니다.

집에 올 때 택시를 타는데 전혀 불편하지 않게 평상시처럼 아주 편하게 올라탔습니다. 정말이지 훨씬 좋아졌음을 느꼈습니다.

집에 오니 언제 아팠느냐는 듯 멀쩡한 것이 이상할 정도여서 며칠 동안 꾀를 부린 것처럼 되어 버렸습니다.

'이렇게 좋을 수가~ 이렇게 편안할 수가~ 이렇게 기쁠 수가~ 침 한방의 효력이여, 오! 놀라워라.'

몸과 마음이 날아갈 듯이 가벼워졌습니다.

'이젠 절대 아프지 말아야지. 감사합니다. 예수님·성모님!'

지금 같아선 내일 아침 공연을 가도 괜찮을 것 같아서 일단은 풍물 옷과 북채와, 근육 풀어지는 약을 챙겨 두었습니다.

한방병원에서 어르신들께만 드린다는 파스 한 장과 근육 풀어지는 약 세 봉을 울 엄마 몫으로 받았거든요.

'엄마, 미안해요. 급해서 제가 먼저 먹어야겠어요. 엄만 담에 가서 받으면 드릴게요.'

울 엄마는 팔십 둘의 어르신이라 하루치 약을 주셨습니다. 저는 육십 둘이라 아직 어르신이 아니라서 제겐 약을 안 주었고요.

내일 공연을 위하여 울 엄마를 안 드리곤 파스는 제 허리에 척 붙이고 근육이 풀어진다는 가루약은 제가 홀딱 먹어 버렸습니다. 불효를 저질렀지만 이것도 성사 감일는지요?

같이 살고 있는 울 엄마나 제 아들은 무리하지 말고 좀 쉬라 합니다. 초짜 며느리는 쉬라하고 싶어도 시어머니라 암말도 못 하고 있습니다.

저도 쉬고 싶으나 웬만하면 제 몫의 책임을 져야 마음이 편할 것 같아 이 정도 컨디션이면 내일 공연도 끄떡 없이 할 수 있을 것 같습니다.

그래서 아침에 일어났을 때, 아프면 못 가더라도 가는 쪽으로 마음을 굳히고 몸을 아꼈습니다.

몸이 아프지 않다는 것은 인생에 있어서 하늘이 주신 큰 축복입니다. 쉬지 않고 왕성하게 움직일 수 있는 것 또한 무한

한 은총이었습니다.

그런대로 쓸 만한 몸을 더 건강해지겠다고 욕심 부려 모처럼 훌라후프를 돌린 것이 이 지경이 되어 버렸으니, 나를 이렇게 만든 저 훌라후프는 버려야 할까요?

그러나 훌라후프 탓이 아니라 세월 앞에 장사 없다고 이젠 제 나이 탓이기도 합니다. 마음은 항상 이팔청춘에 머물러 있건만 어느덧 제 육신은 이렇게 허약해지고 있으니 말입니다.

암튼 잠시나마 아파 보니 연옥과 이승을 넘나드는 생각에 머리가 복잡하게 어지러웠습니다.

그러는 울 엄마의 일생은 평생 아픔으로 살아오셨습니다. 그나마도 몇 달 사이에 갑자기 쪼글쪼글 할머니가 되어 버린 울 엄마의 모습에 깜짝깜짝 놀라고 있습니다.

울 엄마의 일생과 함께 살아온 동반자인 저로서, 이제는 엄마를 바라보기가 미안하고 엄마를 쳐다보기가 면구스럽습니다. 오늘도 울 엄마를 모시고 함께 물리치료를 받으며 침 맞고서 택시 타고 집으로 오는데, 진짜 할머니가 된 울 엄마의 모습에서 쓸쓸함이 묻어 나와 참으로 안타까웠답니다.

나이를 먹으면 늙는다는 게 당연지사이건만, 아직까지 저로서는 울 엄마는 늙지 않는다는 생각에서 벗어나지를 못하고 있었습니다.

어제는 갑자기 엄마의 열쇠가 없어졌다고 하셨습니다.

"얘, 내가 나갔다 왔는데 열쇠가 없어졌다. 네가 내 열쇠 가졌니?"

"엄마 열쇠를 내가 왜? 그리고 오늘 엄마가 언제 나갔다 와? 엄만 안 나갔어요. 오늘 내내 나하고 같이 있었는데 무슨 소리야."

"내가 안 나갔었니?"

"아까 병원 가신다고 옷을 입긴 했지만, 내일 나하고 가자고 해서 옷을 다시 벗었잖아요. 아까 입었던 옷에 있나 찾아 보세요."

"다 찾아도 없어."

"그럼 나중에 나오겠지. 지금은 쓸 일 없으니까 신경 쓰지 말아요."

그런데 오늘 병원 가는데 엄마가 열쇠로 문을 잠그십니다.

"그 열쇠 어디서 찾았어? 어제 아무리 찾아도 없다더니?"

"으응, 가방에서 찾았어."

"어젠 가방도 찾아봤는데 없다고 했잖아요."

"안감 뜯어진 속에서 나왔어."

한방병원에서 치료를 다 받고 집에 와서는

"엄마, 문 여세요."

"내가?"

"엄마가 아까 잠갔잖아. 열쇠로 먼저 열어야 자동문을 열지."

"내가 잠갔니?"

하시면서 주머니에서 열쇠를 꺼내 문을 따셨습니다.

물론 제게도 열쇠가 있지만 잊혀져가는 엄마의 기억을 살리고 싶어서였습니다.

울 엄마! 더 이상은 치매가 진전되지 않기를 바라면서 울 엄마의 기억을 되살려 보려고 노력하고 있습니다.

서서히
망가지려나

지난 연말 때쯤 전부터 왼쪽 엄지손가락에 힘이 없습니다. 엄지손가락 윗부분의 굵은 마디가 띵하니 살짝 아프기도 합니다.

'인대가 늘어났나?'

만져 보면 심하게 아프지도 않으니 뼈가 부러진 것도 아닌 것 같고. 설거지를 하는데 왼손으로 물건 잡을 때 스르르 풀려 버려 그릇을 놓치기도 합니다.

그 후 며칠 지나니, 이번에는 오른쪽 무릎에서도 살짝 아프다는 신호가 옵니다. 구부렸다 피려는 무릎에서 뚜둑 소리에 조심스러워집니다. 앉았다 일어나려면 무릎이 아파서 어정쩡하게 일어나야 했습니다.

걸을 때에는 발목이 뜨끔하여 순간 '앗!' 하며 깜짝 놀라기도 합니다. 아무리 생각해도 다친 적도 없었고 부딪친 적도 없었는데 요상합니다.

새해 들어 육 학년 사 반.

많다 할 수도 없지만 적지도 않은 나이인지라 이렇게 제 몸도 서서히 한 가지씩 망가지나 봅니다. 갑자기 서글퍼지는 마음으로 쓸쓸해지네요.

'한방 침이라도 맞아 볼까?'

하고 망설이고 있지만 아직 심한 편은 아니므로 병원 가기도 그래서 그냥 방치해 두고 있습니다. 몸을 아끼지 않는 저는 때가 되면 저절로 낫겠지 라는 생각으로 관심 밖의 일이었습니다.

언제나 몸에 이상이 오면 오는 대로, 아프면 아픈 대로 적당히 넘기는 편입니다. 정히 죽겠다 싶으면 간단한 진통제로 해결해 버리고 맙니다. 그리하면 고질병이 아니기 때문에 시간이 지나면 쉽게 낫기도 합니다. 무관심하여 약도 먹지 않고 신경도 쓰지 않는 미련퉁이랍니다.

무릎 아프다는 것을 잠시 잊고 내버려 뒀더니 역시나 어느새 아팠던 곳들이 멀쩡해집니다. 그러니 엄지손가락 통증도 심한 정도가 아니라서 견딜 만합니다. 네가 이기나 내가 이기나 기다려 보기도 합니다.

연초에 건강검진을 받으라는 통지서를 받았습니다. 연말이 다가와 올해가 다 지나가려 할 때서야 동네 가까운 병원에서 건강검진을 받았습니다. 징하도록 병원 가기 싫어하다 보니 매번 건강검진을 이렇게 막바지에 받게 됩니다.

그런데 위 내시경에서 아래쪽에 울긋불긋한 염증들이 발견됐습니다. 아프지 않았냐고 하시는데, 전혀 모르는 사실이었습니다.

“가끔 커피를 연속으로 계속 마시면 속이 쓰리긴 했지만 안 마시면 다시 괜찮아졌습니다. 선생님!”

“이 정도면 아팠을 텐데….”

고개를 갸우뚱하시며 약을 줄 테니 보름 후에 다시 오랍니다. 헬리코박터균 검사와 피검사 결과를 확인하기 위해서도 보름 후에 가 봐야 하는데, 약간은 불안한 마음이 들기도 하네요.

약국에 가서 약을 타는데 위장약이 한보따리였습니다. 이 약을 먹고 다 나았으면 하는 바람으로 아무 이상 없기를 기대하면서 약을 열심히 챙겨 먹고 있습니다. 보름 후에 내원했을 때 큰 병원 가 보라는 말씀만 안 들어도 다행이라는 생각입니다.

그간 무관심했으나 아프지 않은 제 몸은 소중합니다. 소중한 걸 알면서도 아끼지 않고 열심히 봉사하고 있습니다. 일할 수 있다는 것이 얼마나 행복한 일인지를 알고 있기 때문입니다. 잘 걷지 못하는 분들을 볼 때마다 제 소중한 육신을 쓸 수 있다는 게 참 행복이었습니다.

작년 겨울 어느 날, 갑자기 허리가 아파서 꼼짝 못할 때가 있었습니다. 한방병원에 가서 침 두 번 맞고 위기에서 벗어나 움직일 수 있었습니다. 그때 다짐했었습니다.

'움직일 수 있을 때 열심히 움직이자.'

그래서 지금은 명절이나 제사 있을 때 짜증내지 않고 충실히 일하고 있습니다. 성당에서도 꾀부리지 않고 제게 주어진 일을 나름으로 열심히 봉사하고 있습니다.

전례 봉사 18년, 제대꽃꽂이 봉사 18년, 노인대학 봉사 14년…. 참 열심히 오래하기도 했네요. 한번 잡았다 하면 싫증내지 않고 은근과 끈기로 꾸준하게 하는 제 자신에게 감사할 따름이랍니다.

소중한 육신이지만 쓸 수 있을 때까지 아끼지 않고 충실히 쓰렵니다. 아깝다고 안 쓰면 녹슬거나 구닥다리가 되기도 하지요. 제 육신이 소중하다고 아끼고 모셔 둔다면 무뎌지고 기력도 없어질 뿐입니다.

쓸모없어지면 후회막급으로 슬퍼질 테니 행복하게 사용하겠습니다. 그러니 지금은 엄지손가락이나 탈 없이 빨리 나았으면 좋겠습니다.

황금의 시간들

아들네가 살림을 난 지 꽤 오래된 것 같은데 이제야 한 달뿐이 안 되었네요. 그런데 꽤나 오랜 시간이 흐른 것 같이 느껴졌음을 보니 제가 그간 너무나 바쁘게 살았나 봅니다.

바쁜 시간 속에서도 어느 날 저녁.

긴 시간의 어둠이 저를 적막한 시간 속으로 몰아넣어 깊은 시름에 시달리기도 합니다. 외로움의 절망감으로 어둠의 시간 속을 헤매게도 합니다. 우울감이 다가와 저를 몹시 힘들게 하기도 하고요.

혼자라는 자리는 럭셔리한 우아함을 느끼기에는 잠시뿐! 우아하게 센티멘털리즘에 빠진 고상함에서, 어느새 쓸쓸함과 외로움에서 발버둥 치며 벗어나려는 저를 발견하게 됩니다.

우아함도 고상함도 럭셔리한 시간들도, 어둠 앞에서는 부질없는 것들임을 알았습니다.

물론 잠시 쉴 수 있는 혼자만의 시간일 때가 황금의 시간이었음을 깨닫기도 했습니다.

우아하게 혼자 커피 마시는 시간이, 호젓하게 혼자서 책을 읽는 시간이, 행복하게 생각할 수 있는 로뎅의 시간이었음을, 그래서 널널하게 혼자 있는 많은 시간들을 쪼개어 쓸 수 있기 때문입니다.

그러나 더러는 어두움 내리며 짙어져 가는 밤이 되면, 쪼개어 쓸 수도 없는 온전한 긴 시간은 마음의 외로움을 느끼게 해 줍니다. 더구나 작년에 돌아가신 울 엄마의 빈자리가 저를 더 외롭게 합니다. 엄마의 빈자리가 외로움과 우울을 몰고 옵니다.

제게 주어진 혼자만의 시간들을 외롭지 않게 알찬 황금의 시간으로 만들어야겠습니다. 황금의 시간으로….

혼자라는 것

혼자라는 것은 외롭고 쓸쓸하고 우울하여 괜히 슬퍼지기도 하지요. 저는 혼자라는 외로움을 없애려고 가급적 하는 일들을 알뜰하게 쪼개어 적절하게 시간을 쓰고 있습니다.

오전엔 매일 성당에 가서 미사를 드리며 전례도 합니다. 화요일엔 성서 백주간 공부도 합니다. 수요일엔 미사 후 노인대학 어르신들을 즐겁게 해 드리며 봉사합니다.

금요일엔 성모님과 함께 레지오 회합도 하고요, 토요일엔 성전을 아름답게 꾸미고자 제대 앞에 꽃꽂이도 합니다.

교구연합회 교육에서 만난 노인대학 학장들과 만나 마술 팀 모임을 갖고, 월·수·금 저녁에는 자치센터에서 풍물도 배우며, 화·목 낮에는 자치센터에서 스포츠 댄스로 땀 흘리며 운동도 합니다.

때론 친구들과 우리나라 여행을 가기도 하고, 가끔은 해외 나들이도 합니다. 이렇게 여러 친구들 모임으로 회포도 풀다 보면 혼자라는 외로움에서 시달릴 새가 없답니다.

또한 기도하고 쉬엄쉬엄 연속극을 보며 돌아가는 시간들도 저의 친구랍니다.

오래전엔 남편이 떠나 버렸지만 작년엔 울 엄마도 떠나셨습니다. 최근엔 떨어져 살고 있는 아이들이 불편하지 않도록 집착의 끈에 매달리지 않는 엄마가 되고자 했습니다.

자식들에게 연연하지 않고, 홀홀히 나 자신만의 시간 속으로 들어가 평화로운 생활에 젖어드니, 이토록 마음도 편하여 남들이 부러워하는 자유로운 영혼이 되어 버렸답니다.

진짜 다행인 것은 아들딸들이 제게 손녀들을 맡기지 않았다는 사실이 얼마나 감사한지 모릅니다. 복받은 줄 알라고 친구들은 말합니다. 더불어 며느리·사위에게도 미안하면서 진심으로 고마워하고 있답니다.

이렇게 틈틈이 글을 쓸 수 있는 행복한 시간들이 저를 외로움에서 벗어나게 해 주기도 한답니다.

고로 저는 정말이지 자유로운 영혼이랍니다.

여자라는 이름으로

교복 입었던 시절엔 수줍음도 많고 호기심도 많은 학생이었습니다. 젊음을 발산하는 아가씨 시절은 그냥 청순하고 예뻤을 때입니다.

아가씨가 되니 은은한 화장에 미니스커트도 입었고 나팔바지도 입었던 시절, 음악이 흐르는 커피숍에 다니며 분위기를 잡아 보기도 했습니다.

전기구이 통닭 한 마리에 친구들 여럿이 둘러앉아 뼈까지 으드득 씹어 먹던 그 시절 이십 대는, 청순하고 순수함이 어우러졌던 파릇파릇한 싱그러움의 아가씨였습니다.

그 꿈같던 아리따운 시절이 지나자, 다행히 노처녀 되기 전 어느 날 아내의 자리에 들어와 있었습니다.

신혼의 아내 자리는 사랑스럽고 애교 많고 웃음 많아 남편의 허물을 덮어 주는 아내였습니다.

남편에게 의지하며 행복에 젖어 사랑하며 죽고 못 사는 사이에 예쁜 아가들이 생겨 집 안에 웃음꽃을 피우며 순한 양이 되어 눈부신 햇살 품은 따뜻한 행복의 삶을 살았습니다.

아롱이다롱이 두 아이 키우며 옆에 있는 큰 아기까지 키우다 보니 어느새 엄마의 자리에 서 있었습니다.

사랑스런 아이들을 위하여 영재로 키우겠다고 학원에 보내어 주판에 피아노에 태권도에 붓글씨에, 서울대생 붙여 수학에 영어까지….

학교 찾아다니며 아이들을 위하여 치맛바람까지는 아니지만 고등학교 졸업하는 날까지 조용하게 아이들의 바람막이가 되어 주었던 강한 엄마로 살았습니다.

아이들을 키워 낸 강한 엄마의 숨은 능력으로 이제부터는 큰아기 남편의 건강 챙기는 마누라가 되었습니다. 어느덧 늦게 들어온다며 잔소리도 하고, 남편의 허물을 들춰내는 마누라가 되어 벌처럼 쏘아 대기도 했습니다.

그렇게 가족들과 토닥이며 잘 지내다가 어느 날, 남편을 먼저 하늘나라로 보냈습니다.

그리고 그럭저럭 살다 한참 만에 사위를 봤으니 장모가 되었습니다. 그 후 며느리도 들이니 시엄마가 되었습니다. 절대 시집살이 안 시키는 좋은 시엄마가 되겠다고 노력하며 살고 있습니다.

이제는 예쁜 손녀들이 태어났으니 보고 또 보고 싶은 사랑을 주는 할머니가 되었습니다.

"그려그려. 아이고, 예뻐라! 눈에 넣어도 안 아플 내 강아지들."

제 인생에서 다행한 것은 된 시집살이도 모르고 삼식이도 모르고 살아온 저는, 사위도 며느리도 잘 들였기에 행복이 넝쿨째 굴러들어 와 자식들 사랑받으며 살고 있습니다.

이렇게 육십오 세로 여자의 일생을 다 겪었습니다. 이제는 제 건강 챙기면서 나머지 인생만 즐기며 살면 됩니다.

청순한 여고생이 순박한 아가씨가 되고, 순박한 아가씨가 사랑스런 아내가 되고, 사랑스럽던 아내가 강한 엄마가 되고, 강한 엄마가 억척스러운 말벌의 마누라에서 사랑을 주는 할머니가 되는 과정은 누구나 다 겪는 여성이라는 점이지요. 여성이란 상황에 따라 참으로 요정같이 변화무쌍하게 벌어지는 매력을 발산하는 여자라는 이름이랍니다.

저는 생을 다하는 날까지 매력을 발산하는 여자이고 싶습니다. 환갑이 지난 육십오 세의 할머니라도 여자이니까요.

골다공증에 대한 고밀도 검사

아침부터 따스한 햇살이 집 안까지 들어오네요. 새 아침을 맞이한 제 기분도 더불어 상쾌해집니다.

그러나 밖에서 맞는 찬바람은 몸을 움츠러들게 하니 역시 겨울답습니다. 들이마시는 차가운 공기도 상쾌하고 구름 한 점 없는 높은 파란 하늘은 투명하도록 청명합니다.

오늘은 찾아다니는 마을 간호사의 도움으로 예약된 시간에 맞춰 보건소를 방문하여 고밀도 검사를 하게 되었습니다. 이젠 저도 건강을 챙길 때가 되었는지 무료 검사라는 말이 솔깃해져 왔기에 검사에 임하게 되었습니다.

우리나라에 몇 안 된다는 최신 기계 아래 누웠습니다.

하얀 기계가 위에서 자동으로 다니면서 제 뼈를 관찰하고 다닙니다. 혹시라도 안 좋게 나오면 어쩌나 하는 걱정스러운 마음도 들었습니다.

기계가 멈추고 밖으로 나가니, 담당 선생님이 결과지에 나타난 다리뼈와 척추뼈의 사진을 보여 주며 하시는 말씀은

"어머니 또래의 친구들 중에서는 극히 드문 뼈로 참으로 좋습니다. 단단한 뼈로서 골다공증 증세는 없으니 잘 관리하시면서 넘어지거나 다치지 않도록 주의하시고, 운동과 음식물 잘 섭취하셔서 좋은 뼈를 유지하도록 하세요. 노말 이라고 쓰여 있는 것은 아주 좋다는 뜻입니다. 다리뼈도 척추 뼈도 아주 좋습니다."

육십칠 세 나이에 들어 본 이 기분 좋은 말씀 한마디로 차가운 찬바람도 따스함으로 느껴지며 웃음이 살아납니다. 집으로 오는 길도 발걸음 가볍게 '룰루랄라~' 콧노래가 절로 흥얼거려지네요.

깨끗한 뼈의 사진을 책상머리에 붙여 놓고 가끔 기분 좋게 감상하곤 한답니다.

용종의 정체

매번 차일피일 미루다가 막바지 십이월에 했었던 국민건강검진을 올해엔 칠월이지만 일찍 해 보자며 맘먹고 동네 내과에 들렀습니다.

어제 저녁부터 굶고는, 오늘 아침 열 시 미사 드리며 성체를 모신 후 이상 없기를 기도하고는 병원으로 향했습니다.

진찰받으시는 어르신들이 많아 주치의 시간에 따라 기다리다 보니 한 시간이나 걸렸네요. 이제는 일반 위내시경도 몇 번 하다 보니 익숙해져서 이삼 분 정도는 거뜬히 잘 참을 수 있게 되었습니다.

혈압도 맥박도 정상이고, 가슴 엑스레이도 깨끗하답니다. 위내시경 결과는 깨끗하나 위벽이 약하지만 구멍 나거나 심하게 헐은 게 아니라서 큰 걱정은 안 해도 될 정도라네요. 그러면서 내시경할 때 작은 용종이 보여서 떼어 냈다고 상처 부위를 보여 주시며 피가 약간 났지만 괜찮을 거랍니다.

그런데 지금 이 글을 쓰면서 생각났는데, 혹시나 그 용종이 한 시간 전에 미사 드릴 때 모신 성체가 아니었을까 싶습니다. 아무것도 먹지 말고 오라 했건만 깜빡하고 성체를 모셨습니다. 그 성체가 작은 용종으로 보일 수도 있겠다는 생각이 듭니다.

제 잘난 소견으로 이왕이면 병원 가기 전에 미사 드리면서 아무 일 없도록 기도하고 성체를 통하여 제 몸이 깨끗하기를 보호받고자 한 것이 '아차차!' 오히려 저의 미련하고도 미련한 짧은 생각이 되었네요.

성체가 용종으로 보인 거라면, 만약 그런 거라면 다행이겠지요. 예년의 결과와 똑같이 이번에도 혈당이 좀 높고 헬리코박터균이 있다고 합니다.

그동안은 건강했던 젊음이 병원과 담 쌓게 만들어 한 번도 치료를 받은 적이 없었지만, 나이 들어가면서 건강에 책임져야 할 때가 되었으니 치료받아야지요.

건강을 잃으면 아무짝에도 쓸모없는 존재가 되어 버리니 제 존재 가치를 인정하여 사랑하고 또 사랑하여 이번에는 꼭 치료받아 보렵니다.

어구어구
시원해서

더운 여름엔 시원한 곳을 찾게 됩니다.

버스를 타면 '어구어구 시원해'

지하철을 타도 '어구어구 시원해'

은행에 들어가도 '어구어구 시원해'

식당에 들어가도 '어구어구 시원해'

관공서에 들어가도 '어구어구 시원해'

찻집에 들어가도 '어구어구 시원해'

영화관을 들어가도 '어구어구 시원해'

어디를 가나 '어구어구 시원해~ 어구어구 시원해~'

이제는 집에서도 에어컨을 틀어 놓아 '어구어구' 시원해서 나가기 싫어집니다.

이렇게 좋은 세월 하루하루가 아쉬워 나이가 무거워짐에 어깨가 짓눌립니다.

"가는 세월 그 누가 막을 수가 있나요~"

서서히 이 노랫말에 실감을 하고 있습니다.

오십 대까지는 상큼하게 잘 뛰어온 것 같은데, 어느새 육십 대에서는 경보로 넘어지지 않고 중간까지 왔습니다.

아마도 칠십 대는 뒤뚱거리며 걸어가는 시간이 되겠지요.

울 엄마의 친구분들이 팔십이 넘어가시면서 아파하시며 서서히 기운도 떨어지고 안쓰럽도록 체구는 점점 작아져 노환으로 접어드십니다.

"사비나야~ 이제 힘들다."

울 엄마의 친구분들이 제게 말씀하시니 제 마음도 아려 옵니다.

육이오 전쟁을 치르셨던 일 세대 어머니들이 거스를 수 없는 세월 앞에서 서서히 세상을 등지시려는 중입니다.

저는 육이오 전쟁 통에 세상에 나왔지만 보릿고개 모르고 지냈습니다. 그나마 부모님 덕에 편안히 잘 살아온 세대이기에 이토록 좋은 세상 살아가면서 지나가는 세월을 아쉬워하고 있습니다.

십오 년 후엔 저도 저보다 어린 아우들을 보면서 말하겠지요.

“얘들아, 이젠 점점 힘들어지는구나.”

그러나 힘들 때를, 아쉬울 때를 기다리지 말고 뭔가 새로운 창조를 찾아 아쉽지 않은 시간을 만들어 봐야겠습니다. 그런데 뭘 해야 나머지 인생을 합리적으로 파워풀하게 트랜스포메이션을 할 수 있을까요?

제 정체성에 맞는 영역 안에서 선택해 보렵니다.

연습도 없는 한 번뿐인 나머지 인생을 잘 선택하여 후회 없이 잘 살아 봐야지요.

파워풀한 초이스, 다이내믹한 초이스를 찾아보겠습니다.

삼 일간의 오한

성주간을 맞이하면서 제게는 아주 큰 사건이 일어났습니다.

성지주일 전날 오전, 미리 구매하다 물에 담가 놓은 꽃들은 탱탱하게 물이 올라 저의 손길을 기다리고 있었습니다.

꽃가위에 잘려 나간 꽃송이들은 예수님 십자에 예쁘게 장식되어 갑니다.

내일이면 예수님께서 사람들이 나뭇가지 흔들며 호산나 하는 소리 들으시며 나귀 타고 입성하시는 날입니다.

이 십자가는 교중미사에서 신부님 입장하실 때 복사가 앞서 들고 들어올 십자가입니다.

한 송이 한 송이씩 정성 들여 꽃을 꽂아 놓고 보니 화사합니다. 매년 꽂는 성지주일 십자가의 꽃은 언제나 새로운 모습이라 흡족합니다.

"어머, 너무 예뻐요."

수녀님이 보시며 칭찬해 주시니 제 마음이 춤을 춥니다.

꽃꽂이를 마치고 요안나 가게에서 잠시 쉬었다가 세 시 어린이 미사에 오신 신자들을 계수해 주고는 집으로 올라왔습니다. 그 시간부터 베란다에서 봄맞이 화분갈이를 해 질 때까지 하고 있는데, 갑자기 오한이 들면서 오들오들 몸이 흔들리며 턱까지 덜덜거립니다.

어떻게 할 수가 없어 으슬으슬 추운 몸을 이끌고 침대 속으로 들어가 누웠습니다. 침대 밑의 전기장판 불을 올려놓고 '으으 덜덜덜' 끙끙대며 이불을 머리까지 뒤집어쓰고 밤새 앓았습니다.

다음 날인 일요일 아침, 괴로운 몸뚱이를 비몽사몽 밤새 뒤척이다가 아침을 맞이했는데 다행히 열도 내리고 오한도 가셨습니다. 몸이 좀 처지긴 했지만 교중미사에 갈 만했습니다.

어제 꽃 장식한 십자가는 신부님 입장하실 때 성가대의 호산나 노래를 들으며 행렬한 후 제대 앞에 세워집니다. 제가 작업했기에 십자가를 바라보는 마음이 더욱 뿌듯합니다.

미사를 마친 후, 상임위원회에도 참석하여 회의를 했습니다. 회의를 마친 후엔 상임위원들과 함께 요안나 식당에서 점심을 먹고는 집으로 올라왔으니 그럭저럭 몸도 풀렸습니다. 어제 못다 한 분갈이에 매진하는데, 또다시 오한이 시작됩니다.

"왜 이러지…?"

혼자 중얼거리며 자리보전하고 누워 버렸습니다.

그때 '디리리릭~' 문 열리는 소리가 납니다. 아들이 연아와 서정이를 데리고 라면 한보따리 갖고 올라왔네요.

몸은 으슬으슬 추워 오지만 안 그런 척 나오면서 속으로는 빨리 가 주기를 바랐습니다. 그런데 아들은 오래 있을 건지 TV를 켜고 아예 소파에 누워 버렸습니다.

가랠 수도 없고 난감하던 중에 연아가 엄마 보고 싶다며 가자 하네요.

'얼쑤~ 우리 연아 잘한다!'

엄마 보고 싶다는 연아의 소리가 이렇게 반가울 수가 없네요. 연아야 더해라.

"그래, 연아가 엄마 보고 싶다니 집에 가서 케이팝 결승전 봐라."

"연아 엄마가 녹화하고 있어요."

헐~ 아들이 케이팝 결승전을 틀어 놓고 보는데 연아가 좀 강하게,

"아빠, 나 엄마 보고 싶어."

"그래? 엄마 보고 싶어? 알았어, 가자."

우리 아들도 이 엄마가 보고 싶어 왔건만 연아가 제 엄마가 보고 싶다고 하니 아들은 딸을 위해 벌떡 일어났습니다. 다른 날 같았으면 제가 그런 연아를 서운해했을 테지요. 그러나 오늘은 빨리 간다는 게 어찌나 반갑던지 제게는 연아가 구세주였어요.

현관 나가는 걸 보고서 어제와 같은 증상에 덜덜 떨며 얼른 자리보전했습니다. 다섯 살 연아가 이 할미에게 완전 효도했습니다.

나락으로 떨어지는 몸뚱어리는 온몸에 땀을 적시며 잠 같지 않은 잠으로 비몽사몽 하다가 알람 소리에 일어나 심신이 지친 몸을 이끌고 성당으로 내려가야 했습니다.

저녁 여섯 시 미사에 참석한 신자 수 계수하여 사무실에 건네주고는 집에 들어와 또다시 몸살의 미궁 속으로 들어갔습니다. 밤사이 어찌나 힘든지, 천근만근인 몸을 무겁게 뒤척이며 계속 나락으로 떨어져 갑니다. 끙끙대면서….

월요일 새벽미사는 갑자기 돌아가신 유데레사 형님의 레지오 장으로 치러지는 날입니다.

단체장 책임이 뭔지, 죽을 둥 살 둥 몸이 아파 연도는 해 드리지 못했으나, 새벽같이 일어나 땀내 풍기며 지친 몸을 이끌고 시원한 찬바람 맞으며 성당에 도착하니 다섯 시 십 분!

성모성심 꾸리아 기와 원죄의 레지오 기를 세워 놓았습니다. 그때 천상 꾸리아 기를 단장이 들고 왔기에 기도 준비하라고 해설대로 보내고는 꾸리아 기를 조립해서 세워 주었습니다. 그러곤 해설대쪽 앞에 앉아서 레지오 기도를 하고 미사를 드렸습니다.

미사를 하고 있는 도중, 점점 시간이 흐르면서 몸에 이상이 오고 있습니다. 어지럽고 눈앞에 물체가 빙빙 도는 게 금방이라도 혼절할 것 같습니다.

참다 참다가 가방을 들고 비틀거리지 않게 정신력으로 버티며 성전을 걸어 나갔습니다.

'쓰러지기 전에 빨리 나가자.'라는 생각뿐이었습니다.

밖으로 나와 화단의 난간을 잡고 잠시 주저앉아 숨을 고르면서 정신을 좀 차린 다음, 침을 꺼내 손가락 모두를 따고는 피가 줄줄 흐르도록 눌러 댔습니다.

화단 둔덕에 앉아서 새벽의 찬바람을 쏘이며 빙글빙글 어지러워지는 정신 줄을 가다듬고 있는데, 얼마 지나지 않아 미사가 끝났는지 영정 사진이 나옵니다.

장례차가 떠나는 것을 보고서 성당으로 들어가 기들을 걷어

정리하고 밖으로 나갔는데, 성당 마당에서 강글과 은녀를 만났습니다.

“형님, 괜찮으세요?”

“왜, 나 나오는 거 봤어? 내가 비틀거렸니?”

“비틀거리며 나가시기에 걱정돼서 뒤따라 나오려고 했어요.”

“쓰러질 뻔했는데 죽기 직전에 나와서 살았어.”

웃으며 얘기했지만 끔찍한 사건이었지요.

지친 몸 이끌고 걸어서 집으로 올라왔습니다. 집에 들어와 또다시 자리에 누웠으나 잠은 오지 않습니다. 열은 없지만 기운이 없어 몸이 괴롭기에 쉬고 있었습니다.

새벽미사에서 혼줄이 났지만 오후 열한 시에는 마술 팀들과의 모임이 있었습니다. 버스를 타고 지하철을 환승하고 약속 장소인 여의나루에서 만나 웃으며 벚꽃을 보며 즐거워했으나, 몸이 괴로워 웃어도 웃는 게 아니었습니다.

그래도 걱정 끼칠까 봐 안 그런 척 내내 같이 있다가 헤어져 괴로운 몸으로 집에 무사히 도착했습니다. 집에 오자 긴장이 풀렸는지, 또다시 오한이 시작되었습니다.

‘이제 죽으려나? 왜 이러는 거지?’

자리보전하고 누워 나락으로 떨어지는 괴로움에 저의 마음까지도 처절해집니다.

다음 날은 성삼일로 인해 화요일로 당겨진 레지오 때문에 쉴 수도 없어 성당으로 겨우겨우 힘들게 걸어가고 있었습니다. 미사는 쉬고 레지오만 하고자 일부러 늦게 천천히 내려가고 있는데, 제 옆으로 달려가던 택시가 멈추면서 창문이 열리더니 모니카 형님이 성당 가느냐고 묻습니다.

얼결에 네, 하고 대답하니 문 열어 주면서 타라네요. 헐~ 농땡이 치려던 미사까지 늦지 않게 참례하게 되었답니다. 예수님의 오묘한 섭리는 이렇게 해서라도 저를 미사로 이끌어 주셨습니다.

다행히 오늘부터는 몸살기가 가셨는지 오한은 들지 않았습니다. 기운만 없다뿐이지 딱히 아픈 곳이 없었기에 병원에 가보지도 않았으니, 제 자신이 이토록 아픔에 대해 무지한 사람이었습니다.

혼절하려던 날 아침에도 지치고 힘든 몸 택시 타고 올라가면 될 것을 생각도 못 하고 습관적으로 힘들게 걸어서 올라갔으니, 무식하고 멍청한 데는 약도 없다지요.

이러한 상황이라 유데레사 형님 가시는 길에 연도를 못 해드렸지만, 그나마 장례미사 드리다가 제 인생 끝낼 뻔했으니…. 으이그, 생각만 해도 소름이 끼칩니다.

내일 수요일은 노인대학에 봉사하러 가는 날인데, 이 몸으로 어르신들을 위해 율동이나 제대로 할 수 있을지 모르겠습니다.

이 미련퉁이는 제게 주어진 시간들을 헛되지 않게 해냈습니다. 고달프고 힘들었어도 책임감 있게 죽기 살기로 모두 해결했으니 제 자신이 기특하기도 했습니다.

'아자아자, 사비나 파이팅!'

이제부터
칠십 킬로

두 달 전, 아주 오래간만에 딸네 집에서 이틀 자고 온 적이 있었는데 그때 제가 딸에게 말했습니다.

"내년엔 엄마 칠순인데 생일상 차리지 말고 크루즈 여행 보내 줘라."

"엉? 벌써 칠순이에요? 정말?"

믿기지 않은 듯 말하는 딸에게

"그래, 더 늙으면 다리 아프고 힘없으면 못 가니까 내년 가을쯤 크루즈 보내 줘. 그나마 힘 있을 때 갔다 와야 할 것 같아. 내가 힘 있게 움직일 수 있는 나이는 앞으로 오 년 정도로 잡고 있어."

"같이 갈 친구는 있어?"

"칠순 친구들 찾아서 알아봐야지."

"알았어, 엄마. 같이 갈 친구들 찾아 봐."

칠순이라는 나이에 마음 슬퍼진 딸은 싫다 않고 예스였습니다. 칠십오 세 이후 나머지 삶은 덤으로 나름 즐겁게 살아가면 됩니다.

며칠 후, 이웃에 사는 며느리가 저녁 드시러 내려오라기에 갔습니다. 며느리에게 수현네서 한 얘기를 했습니다. 칠순 때 거한 밥상 차리지 말고 크루즈 보내 달라고 했다는 말에 며느리는 한술 더 떠서,

"맞아요, 어머니. 힘 있을 때 다녀오셔야 해요. 우리가 후원해 드릴 테니 다녀오세요. 언제 가세요?"

"내년 시월쯤 갈까 하는데…."

"아~ 가을 좋네요. 어머니, 다리 안 아프실 때 얼른 다녀오세요."

내년 가을 크루즈 여행은 맡아 놨으니, 이제 여행에 동반할 친구들 찾을 일만 남았습니다. 쏠쏠히 행복한 시엄마랍니다. 그런데 새해 첫 달, 반가운 소식을 들었습니다.

딸은 엄마를 위해, 며느리는 시어머니를 위해 시누올케가 서로 마음을 합쳐 여행 보내 드리는 회비를 모으기로 했답니다. 감격해서 코끝이 찡해지더니 눈물까지 나려 하네요. 아들

딸 출가시키고 나니 이런 재미가 저의 가슴을 뭉클케 합니다.

해 넘기기 전엔 육십 킬로 이상이었는데, 이제 해 넘어 칠십 대가 시작되니 세월 또한 칠십 킬로로 달려가겠지요. 앞으로 팔팔하게 움직일 수 있는 세월은 기껏해야 오 년으로 잡고 있습니다.

아직은 힘 있고 다리 안 아프니 여행 다닐 궁리만 합니다.

칠십의 그리움

제 나이 오십이라는 중년 나이에 헤어진 남편의 죽음 앞에 선 세상 모두가 무너진 듯 울고불고 난리였습니다. 세상 꺼지는 듯 미치게 몸부림쳤건만 세월 따라 희미해지는 것이 또한 남편이었습니다.

엄마 보내 드릴 땐 노환으로 가시는 길이라 당연지사 슬프면서도 마음 편히 보내 드렸건만 세월이 지나면서 마음 아리게 묻어나는 그리움은 낳고 키워 준 울 엄마였습니다.

어느덧 저도 칠십을 넘기는 황혼이 되었습니다. 이제는 이십사 년이 흘러간 무뚝뚝하셨던 아버지도 그립고, 이십 년이 흐른 남편도 보고 싶고, 오 년이 지난 울 엄마도 그립습니다.

이러한 제 곁에는 그리움을 지워 주는 예쁜 사람들이 있습니다. 아들과 며느리, 딸과 사위, 그리고 다섯 명의 예쁜 손녀 공주들이랍니다.

또한 저의 형제들이 언제나 저를 지켜 주고 있어 외롭지 않지만, 때때로 남편과 아버지와 엄마가 점점 아련하게 그리워짐이 가슴에 스며듭니다. 세월의 무상함 앞에서 고개가 숙여지며 마음도 숙연해집니다.

제 나이 벌써 칠십입니다. 생각하지 않으려고 하는데도 달력이 바뀔 때마다 숫자가 세어지네요. 계절이 바뀔 때마다 성큼성큼 다가오는 세월에 쿵쿵 가슴이 뜁니다.

부질없이 가는 세월 탓하지 말고 남은 여생이나마 잘 지내볼까 합니다. 제가 해야 할 일이 무엇인지, 또 제가 뭘 어떻게 해야 하는지 돈도 벌고 즐기기도 하면서 행복한 시간을 채워 주시기를 솔로몬의 지혜로 생각 좀 나게 해 주세요. 문화생활은 열심히 하고 있습니다.

인생의 흔적

그럭저럭 칠십 년의 세월을 살아왔습니다.

오십 년 육이오가 시작된 팔월에 태어났으니 전쟁은 모르고 살았습니다.

철없던 유년 시절은 부모 슬하에서 걱정 없이 살았습니다. 그러나 적당히 풍족했던 생활은 아버지의 노름으로 여고를 졸업하면서 가산이 서서히 기울어졌습니다.

덕분에 직업전선에 뛰어들어 인생의 맛도 알게 되었습니다. 직장 생활 즐겁게 하며 가장 아닌 집안의 기둥이 되었습니다.

월남전으로 한창 날리는 이름 있는 회사로, 주로 명동이나 소공동 영업장에서 하는 일이라 제 삶의 활동은 거의 명동이었습니다.

그러다가 적당한 나이 스물셋에 한눈에 반한 좋은 남편 만났으나, 재산도 없고 부모덕 없는 남편이었습니다. 그래서 결혼 초년엔 집 없이 전세로 전전하다가 유산기로 인해 친정으로 들어가 얹혀살았습니다.

복덩이 아들딸 낳으며 남편의 사업이 점차 좋아져 친정도 살리며 얹혀사는 우리도 나름 여유로운 행복에 젖어 살았네요.

삼십 대 중반에 가족들과 함께 성당 다니며 하느님을 알게 되었습니다. 그리고 사십 대부터 명동가톨회관서 많은 교육도 받았습니다.

아무런 부담 없이 전국을 다니며 다락방 봉사에 올인하며 제 인생의 황금 같은 시간들을 하느님 통해 한껏 행복함을 누리기도 했습니다.

그사이 오십 중반의 나이로 남편은 하늘나라로 먼 출장을 갔습니다. 그리고 제가 의지하며 모시고 살던 친정엄마는 오년 전에 노환으로 하늘나라에 가셨습니다.

그러다 보니 어느 세월에 칠십이 되어 이제는 성당 일들을 후배들에게 넘겨주고 동사무소 자치센터에서 스포츠댄스로 운동을 한 지도 십여 년차입니다. 지금은 복지관 여인이 되어 복지관 생활도 즐기고 있습니다.

구연동화도 하고, 라인댄스도 하며 공연도 해 보고, 붓글씨도 배우고, 풍물도 즐기고 고전 무용도 배우며 인생의 새로운 도약의 전환점에서 볼링도 하게 되었습니다.

실버들의 복지가 잘되어 있어 돈 안 들이고도 또 다른 새로운 인생을 즐길 수 있으니 저는 이 시대의 복된 여인으로 창조성을 일깨우고 있네요.

이제 저는, 어른이 된 제 자식들의 케어를 받으며 맘 놓고 자유로운 여인이 되어 인생을 창조하며 즐기고 있습니다. 건강하게 잘 지내 주는 것이 저희들을 도와주는 것이라며 제 인생을 위해 살고 있는 제게 자식들은 말합니다.

아들 "엄마, 이젠 엄마를 위해 사세요."

며느리 "어머니, 저희 걱정 마시고 즐기며 사세요."

딸 "엄마는 그렇게 살 자격 있어요."

사위 "어머니는 너무 잘 살고 계셔서 좋아요."

올케들 "우리도 고모처럼 살 거예요."

이렇게 사는 제가 잘 살고 있는 건지 모르겠으나, 친구들도 부러워하는 걸 보면 나름 잘 살고 있나 봅니다.

갑자기 찾아온 어지럼증

3월, 연아가 드디어 초등학교에 입학했습니다.

학교 입학하면서 아침마다 연아네 집을 다니던 중, 지난 4월에 있었던 일입니다. 연아가 오늘도 혼자서 학교를 가겠다며 나가는 걸 보고 며느리는 웃으며,

"힘드신데 그만 오셔도 돼요, 어머니. 연아가 어제도 혼자 갔어요."

"그래? 우리 연아 다 컸네. 그럼 이번 주 금요일까지만 올게."

며느리가 연아를 학교에 데려다주는 동안 저는 서정이와 민서를 돌봐 주었습니다. 그리고 며느리가 다시 들어와 서정이와 민서를 어린이집에 데려다줍니다.

이렇게 바쁜 아침에 며느리 일을 조금이라도 도와주고 싶어

제가 다닌 것도 그럭저럭 한 달 되었네요.

오늘은 연아를 데려다주지 않아 시간적 여유가 생긴 며느리가 서정이와 민서에게 잼을 바른 식빵을 주면서 제게도 반쪽을 줘서 잘 먹었습니다.

서정이와 민서가 어린이집 가는 시간이 되어 일어나 함께 나오려 하는데, 순간 뒷골이 살짝 당기는 느낌이 들면서 갑자기 핑 돌며 어지러움이 확 일었습니다. 별생각 없이 늘 가방에 상비된 물약을 꺼내 마시고는 밖으로 나와 아파트 입구 절 앞에서 아이들과 손 흔들며 인사합니다.

"빠이빠이!"

그렇게 헤어져 성당 가는 쪽으로 발길을 돌리는데 어지럼증이 심상치 않네요. 조금 가다가 안 되겠다 싶어 불안한 마음에 발길을 돌려 집으로 되돌아가는데, 헤어졌던 절 앞에서 아이들이 놀고 있었습니다.

제가 되돌아오는 것을 본 며느리가 가려다 말고,

"어머니, 왜 다시 오세요?"

"잠깐 들를 곳이 있어서…. 서정이랑 민서 잘 갔다 와라. 안녕, 바이바이!"

"할머니, 빠이빠이~ 할미, 빠빠이~"

웃으며 정신 집중하여 우리 집 방향으로 천천히 발걸음을 옮겼습니다. 며느리가 알면 무척 놀랄까 봐 아무렇지도 않은 듯 걸어갔습니다.

그런데 갑자기 더 이상 걸을 수가 없어서 그만 어린이들이 배드민턴 치는 곳 벤치에 털썩 주저앉아 버렸습니다. 맥이 쭉 빠진 상태에서 항상 가지고 다니던 침으로 손가락 끝을 따 피를 쭉쭉 뽑아내며 크게 심호흡을 했습니다.

'갑자기 왜 이러는 거지? 빵조각에 체했나?'

진땀이 나면서 어지러워 한순간 엄청 놀랐습니다.

잠시 쉬었다 일어나 정신 줄을 놓지 않으려고 살아 있는 온 세포를 긴장시키면서 간신히 걸었습니다. 그렇게 집으로 올라가면서도 길에서 쓰러지면 안 된다는 정신력으로 버티며 갔습니다.

안간힘을 다하여 어지러운 순간순간마다 벚꽃 가로수에 의지하며 겨우겨우 집에 들어가 소파 위에 털퍼덕 쓰러져 버렸지만 정신은 멀쩡합니다. 처음 있는 일이라 무척 황당했습니다.

그런데 오늘은 미사 후에 친구 숙자의 칠순 점심을 먹기로 약속한 날입니다. 친구들에게 톡으로 좀 늦는다는 메시지를 보내고는 소파에 누워 있는데, 뒷골이 살짝 당기면서 머릿속이 빙빙 돕니다.

'왜 이러지? 당이 올라갔나? 혈압이 높아졌나?'

심한 걱정이 되었지만 잠시 누워서 쉬었더니 어지러움도 많이 가라앉았습니다.

이제 좀 괜찮아졌나 싶어 안 나가면 친구들이 걱정할까 봐 좀 늦게 아파트를 걸어 내려갔습니다.

그러나 아직 정상으로 돌아온 게 아니어서 어질어질함에 가로수에 의지하다가도 안 되겠다 싶을 땐, 아파트 사이 길 계단에 앉아 정신 줄을 추스른 다음 다시 내려갔습니다. 정말 바보같이 무지한 정신력으로 버티고 있었습니다.

식당에 들어가 아무렇지 않은 듯 친구들과 이야기하며 식사도 잘 마쳤습니다. 순간순간의 어지러움은 있었지만 견딜 만한 정도였습니다.

커피숍에 앉아 설탕 조금 넣은 커피를 마시는데 또다시 살짝 어지럽다가 괜찮아지네요. 그러다가 데레지나가 민트사탕을 줘서 입에 넣었는데 또 살짝 어지러워지기에 사탕을 빼내니 괜찮아지는 걸 보며 '당 때문인가?'라는 생각이 들기도 했습니다. 당이나 혈압이 높다고는 했지만 아직 약은 먹지 않고 있습니다.

모임을 마치고 집으로 올라갈 땐 심하진 않았습니다. 순간순간 어지럼이 가시지 않았지만 온 신경 정신 집중하여 언덕길을 걸어 집까지 무탈하게 올라갔습니다.

울 엄마가 팔십 셋 구월에 하늘나라로 가셨으니 저도 팔십 셋까지는 살게 해 주시기 바라는 마음인데, 이토록 무지한 바보 같은 행동으로 설마 칠십에 인생을 마감하게 되는 건 아니겠지요?

이번 주까지는 며느리 집에 다녀 주기로 했지만 오늘 몸 상태를 보아 하니 내일은 내려갈 수가 없을 것 같네요. 그 대신 내일은 병원을 가 봐야겠습니다.

며느리에겐 '연아가 혼자 잘 가니까 내일부턴 안내려 간다'라는 메시지를 보내고는, 만사 제치고 침대로 올라가 정신없이 나락으로 떨어져 버렸습니다.

그렇게 연 이틀을 땀내며 푹 쉬면서 몸을 추스르다 보니 어지럼은 없어졌으나 외로움의 어둠이 엄습해 옵니다. 이러다 혹시나 잘못될 수도 있겠다 싶어 나약해지는 마음에 당분간 현관의 든든한 빗장도 풀어놓고 지냈습니다.

이런 일이 있어 갑자기 못 내려가게 된 것을 며느리가 오해하지 않았으면 좋겠네요.

며칠 후 감기 기운에 병원을 찾았다가 혈압을 재 봤는데 152-91이 나온 걸 보니, 혈압이 높아진 게 그 이유일 수도 있겠다는 생각이 듭니다.

이번 일을 보면서 저의 무식한 무지가 겁 없이 용감했네요.

‘병원에 가 봐야지’ 하면서도 생각뿐이지, 조금만 멀쩡해지면 안 가게 되는 걸 보면 제가 아직 혼이 덜 났나 싶습니다.

아픔이 있을 땐 혼자 있다는 어둠과 외로움이 마음을 힘들게 했지만, 일주일이 지나면서 지금은 정상적인 생활로 돌아왔습니다.

그런데 눈이 좀 침침해지는 것 같은데 안과도 가 봐야 되려나? 미치겠네요. 모든 게 시간이 지날수록 말짱해지니 병원은 점점 더 멀어지고 말았습니다.

노년의 삶에는

이 집 저 집 얘기 들어 보면 며느리를 못살게 구는 독종의 시어머니와 한 술 더 떠 쥐어박을 수도 없는 얄미운 시누이도 있다지요.

어느 집엔 아들 장가들이고 나서 며느리에게 밉보이지 않으려고 자기 집 냉장고 한번을 제대로 못 열어 본다는 착한 시어머니도 있답니다. 그런가 하면, 어느 집에선 한집에 살면서 시어머니와 밥을 따로 먹는다고 하네요. 과일도 사 오면 젊은 가족끼리만 먹고 시어머니는 주지도 않는다는 이웃 이야기를 들을 땐 참 씁쓸하네요.

그런데 요즘 시대는 시집살이 시킬 일도 없거니와 시집살이 당할 며느리도 없지 않나요? 오히려 시어머니들이 슬쩍슬쩍 며느리 눈치를 보며 산다고 하더라고요.

아들은 며느리의 아내이기 때문에 중간에서 이러지도 저러지도 못하여 완전 샌드위치에 놓여 있으니, 시어머니는 아들 생각해서 며느리 눈치 보느라 시집살이시킬 꿈도 못 꾼답니다.

이런 생각 저런 생각 없이 고부간의 사이가 좋으면 친정엄마와 딸 같아 좋겠으나, 고부는 절대 엄마와 딸은 될 수 없다고 합니다. 있다하더라도 극히 드문 일일 겁니다.

어쩌다 엄마의 마음 위로받을까 해서 진짜 사랑하는 딸 집에 가면 주방에서 헤어나지를 못한다 하네요.

그래서 딸하고 살면 주방에서 쓰러지고, 아들하고 살면 길거리에서 쓰러진다는 말이 있나 봅니다.

이런 친정엄마가 안 되려면 딸 집에 가서 희생하지 말고 이런 시엄마가 안 되려면 아들네도 연연하지 말고 살아야지요. 자식들이 오라고 할 때나 가면 서로 반가워하는 좋은 마음이 되지 않을까 생각해 봅니다.

요즘은 노인 창출 일거리도 잘되어 있어서 찾아보면 자식들한테 매달리지 않고도 살 수 있는 길이 있습니다만, 각자 말 못 할 사연들 있을 테니 어느 것이 옳다 그르다 할 수도 없네요.

저 역시 우리 집 평화를 위해서 자식들에게 부담 주지 않으려고 많은 노력을 합니다. 아프다는 소리 하지 말자면서, 내 건강 내가 잘 챙기고, 나 자신을 위한 즐길 거리 찾으며 살아가고 있습니다.

이렇게 하면 사이좋은 고부간이 되지 않을까 생각하면서 나름 열심히 실천 중이랍니다.

돈의 행복은 멀리 있는 것이 아니라,
지금 이 순간 필요한 때에 쓸 수 있는 것이
행복이라는 것을 너를 통해 실감하고 있단다
병원에서 하룻밤으로 네 곁을 지켜 준 것이
네게 그날의 행복이었다면 좋겠구나

5부 / 한 줌의 재로

구마기도의
위력

겨울의 을씨년스런 날씨지만 토요일 오후 두 시부터 가톨릭회관에서는 봉사자들의 피정이 있어서 한 시에 집을 나섰습니다.

삼양사거리에서 탄 좌석버스에 앉아 15기도를 하고 있었습니다. 그런데 앞쪽 옆 좌석에 앉아 있는 중년의 한 아저씨가, 오른쪽 다리를 덜덜덜 흔들고 있는 모습이 자꾸만 눈에 거슬려 옵니다.

기도에 전념하려고 기도 책을 보기도 하고, 창밖을 보기도 하고, 눈을 감아 보기도 했지만, 어찌나 쉬지 않고 흔들어 대던지⋯.

안 보려 해도 신경이 쓰이면서 눈길이 자꾸 가는 걸 어찌하나요? 눈살을 찌푸리며 분심이 들었지만 뭐라 말할 수도 없었지요.

그 순간 불현듯 어젯밤 혜화동 교구철야기도에서 바오로 신부님께서 구마기도를 하신 기억이 떠올랐습니다.

'그래, 나도 한번 해 보자. 저건 구마 짓일 거야.'

하고는 떠는 다리에 제 눈의 레이저를 쏘면서 기도했습니다.

"주 예수마리아의 이름으로 명령한다. 저 형제의 다리를 떨게 하는 사탄아 물러가라. 우리 주 예수 그리스도께로 가라. 그분께서 너를 처치하시리라."

하면서 심령기도를 하니, 어머나! 기도가 끝남과 동시에 쉬지 않고 흔들었던 다리가 정말 거짓말처럼 순간적으로 멈춰지는 게 아니겠어요?

이럴 수가! 구마기도의 위력은 대단했습니다. 그렇게 흔들다가 순간 멈춰진 다리를 계속 예의 주시하면서, 미아리서부터 명동 롯데백화점에서 내릴 때까지 한 사십 분 동안 가는데 신기하게도 한 번도 흔들지 않았습니다.

'와우, 예수님 짱!'

삼 개월 전 어느 날에 버스 타고 운동하러 가느라 돈암동에서 내리다가 그만 턱에 걸려 넘어지면서, 각진 뾰족한 대리석 모서리에 왼쪽 무릎뼈를 어찌나 세게 부딪쳤던지 눈물이 찔끔

나도록 아팠으나 창피함에 벌떡 일어나 그냥 도망가듯 걸어갔습니다. 상처는 없었습니다.

이후 걷는 데는 별지장이 없었으나, 그 무릎뼈가 어디든 살짝 닿기만 해도 소스라치도록 깜짝 놀랄 만큼 자지러지게 아파 엄청 조심했습니다.

부딪치지만 않으면 전혀 아프지 않은데, 얼마 전부터는 글쎄 그 무릎에 물이 고였답니다. 병원에서 두 번째 주삿바늘로 물을 빼시면서 하시는 말씀은,

"또다시 물이 고이면 다음엔 수술해야 합니다."

"네에~"

그러고는 오늘 또다시 그 부딪친 무릎에 동그랗게 세 번째 물이 고여 말랑말랑해졌습니다. 이제 수술해야 한다니, 생각만 해도 끔찍한 일이지요.

아까 다리 떠는 아저씨에게 효력을 나타낸 구마기도를 믿고, 제 무릎에 손을 얹고서 아까 했던 그대로 구마기도를 해 보았습니다.

"주 예수 마리아의 이름으로 명령한다. 무릎을 아프게 하는 사탄은 물러가라. 예수님께로 가라. 그분이 너를 처치하리라."

이렇게 구마기도를 한 후에 심령기도를 하면서

'수술은 정말 싫습니다. 수술하지 않도록 치유해 주세요.'

그러나 기분뿐이었을까요? 어떻든 기분이라도 좋았습니다. 주님께 대한 믿음이 제 안에 살아 있다는 게 중요하니까요. 치유되리라는 믿음과 치유가 내려졌다는 팩트의 느낌이 오는 듯합니다. 기도의 느낌입니다.

이렇게 회관에서 봉사자들 피정을 마치고, 집에 가는 버스에 앉아서 집에 갈 때까지 무릎에 손을 얹고 구마기도와 치유기도와 심령기도를 하며 갔습니다.

무릎에 밤톨만큼 물이 찬 곳은 말랑말랑합니다. 그런데 이상하게도 치유되리라는 확신이 차오르는 이 기분은 무엇일까요?

'오늘은 늦었으니 병원은 내일 가자.'

아침에 일어나 오늘은 병원 가서 수술해야 되려나 보다 생각하고 한숨 쉬며 무릎을 만져 보았습니다.

"어머머, 이럴 수가!"

물이 고여 말랑말랑 하던 동그란 부위가 정상적으로 납작한 무릎이 되어 있었습니다. 잠자는 새에 수술을 안 하도록 치유해 주신 것입니다. 아멘! 아멘!

그 후 두 번 다시 물이 고이는 일은 없었습니다. 그러나 무릎의 뼈는 어딘가에 살짝이라도 부딪쳤을 때 띵한 후유증은 지금도 남아 있어 무지 조심하고 있습니다.

'주님, 감사합니다. 찬미와 영광 받으소서.'

예수님은 찾을 때마다 함께하시는 분임을 다시 한 번 제게 깨달음을 주셨습니다.

야,
너 참 많이 컸구나

여러 가지 봉사를 하면서도 내면으로는 부족하여 하느님을 더 깊이 알고자 비싼 땅 명동을 밟으며 가톨릭 회관에서 하는 각종 세미나와 성서 못자리 등을 쫓아다니며 부지런히 배우고 나름대로 열심히 기도했습니다.

그런데 과연 저를 필요로 하는 분들께 얼마나 많은 도움이 되었는지 저 자신도 자못 궁금합니다. 그동안 같이 배우고 봉사하며 대화를 나눈 분들을 길에서 혹은 교구 철야 기도회에서 종종 만나게 됩니다.

"어머! 반가워요."

반갑다며 손을 맞잡고 인사를 나누지만, 순간 머릿속에서는 여러 가지 생각이 오갑니다.

'그런데 어디서 봤더라, 가정복음화? 성령세미나? 성모신심? 타 본당 세미나 봉사? 어떤 교육? 어느 세미나에서?'

많은 시간 속에서 수많은 사람들을 만나다 보니 기억이 아리송하여 사람을 앞에 두고도 얼른 생각이 나지 않아 고개가 갸우뚱거리며 서로 애매한 웃음을 짓기도 합니다. 나중에 헤어지고 가는 길에서야 기억이 나지요.

며칠 전 혜화동 교구철야기도회에 강의하러 오신 저희 본당 초대신부님을 만났습니다.

본당에 계실 때는 남편과 함께 사목 일을 하시던 신부님이셨습니다. 구정이면 사목위원들과 함께 저희 집에 오셔서 몇 번 떡국도 드시고 가셨습니다. 오 년 계시다 타 본당으로 떠나신 후 남편인 파비아노와 함께 두세 번 찾아 뵌 적이 있었습니다.

그 이후 이번에는 너무 오랜만에 동성철야기도회서 뵙게 되어 무척 반가웠습니다.

"신부님, 안녕하세요?"

라고 인사드렸습니다. 신부님은 우렁찬 목소리로 호탕하게

"어, 이게 누구야? 너 참 많이 컸구나."

라는 겁니다. 순간 당황하여 고개를 갸웃하며 '예? 컸~다~고~요? 차라리 요한이 모친 많이 늙었네, 하셔야 하는데요.'

라고 말하고 싶었지만…

“네, 이렇게 많이 커서 이곳까지 진출했습니다.”

하며 멋쩍게 웃고 말았습니다.

아마 신부님도 많은 세월 속에 많은 신자들을 만나다 보니, 순간적으로 저를 다른 자매로 착각하셨거나, 아니면 저를 30대 과거 속에 젊은 나이로 묶어 놓으셨나 봅니다. 사실 신부님과 저와는 두 살 차이밖에 나지 않거든요.

아무튼 신부님과는 제가 삼십 대 초반에 만났다가 헤어진 후 40대 후반에 만난 셈인데,

“야! 너 참 많이 컸구나.”

라는 말은 정말 획기적으로 아리송한 인사였습니다.

집에 와서 파비아노와 식구들에게 이야기했더니 배꼽을 쥐고 웃었습니다. 이렇게 우리네 생활은 너무도 빠른 시간 속에서 헷갈리는 일들이 너무 많습니다.

하지만 2000년 대 희년을 앞둔 97년의 새로운 시작은, 예수 그리스도의 삶을 기억하며 헷갈리지 않고 열심히 봉사하며 살렵니다.

“야, 너 참 많이 컸구나.”

1997년 1월 5일자로 명례방에 실었던 이 글은 세월이 흘러 흘러 11년하고도 반년이 지난 지금도 이 인사말은 기억에 생

생이 남아 있어 새록새록 웃음을 자아내게 합니다.

최근엔 국악 신부님으로 널리 알려진 멋진 신부님이 되셨지요.

모니카 엄마

어제 임종하신 모니카 엄마는 올해 연세가 팔십으로 제 견진 친구 데레사의 엄마이십니다.

우리가 함께 견진세례를 받아 친구가 된 지도 이십하고도 팔 년이 되었으니 모니카 엄마를 안 지도 똑같은 세월이 되었네요.

성당 건너편 길가에 사시는 모니카 엄마의 집 앞으로 다니면서, 참새방앗간 드나들듯이 한 번씩 들어가 모니카 엄마한테 인사를 하고 갑니다.

"엄마, 저 왔어요."

"어, 그려. 성당 가나?"

"네."

“차 한잔하고 가.”

배고프면 밥 달라 하고, 때론 차 마시러 들르기도 하고, 추우면 엄마 자리에 드러누워 몸을 녹이고 가기도 하고 했습니다.

어느 때 들어가 보면 엄마의 친구분들도 모여 앉아 소담을 나누고 계시기도 합니다. 그야말로 모니카 엄마의 집은 간판 없는 동네 방앗간입니다.

아주 옛날 생각이 나네요. 어느 날, 제 남편 파비아노 씨가 모니카 엄마의 집 앞을 지나는데 빗자루질을 하던 엄마가 갑자기 큰소리로 웃으시며

“왜 어른을 보고도 인사도 없이 가는 거여?”

하며 제 짝꿍이라 허물없이 한마디 하셨답니다.

눈이 안 좋은 남편은 무심코 앞만 보고 가다가 깜짝 놀라

“어휴, 죄송합니다. 정말 몰랐습니다.”

그 이후로는 미안하여 그 집 앞을 지날 때면 엄청 신경을 썼다면서, 나중엔 모니카 엄마와 농담도 잘하는 친한 사이가 되었습니다.

거센 분인 것 같으면서도 마음은 여린 분으로 인정도 많으시고 사람을 좋아하십니다. 그래서일까요? 그 집엔 항상 사람이 많이 모여듭니다.

엄마의 친구분들도, 며느리의 친구들도, 딸인 데레사의 친

구들도…. 누구에게나 편하게 해 주시는 분이셨기에 부담 없이 드나들었습니다.

이제 노환으로 하늘나라에 가셨지만 제 마음속에 그분의 모습이 지워지지 않네요.

그 누구보다도 힘이 넘쳐 보였던 분!

미사에 오시면 한결같이 맨 앞에 앉아 신부님을 해바라기하셨는데, 어느 때부턴가 자꾸 아프시다면서 점점 약해지는 모습을 보이셨습니다.

"사비나야, 오늘 미사 후에 안나회 있으니 할머니들께 공지 좀 해라, 이젠 점점 힘들어진다."

"예, 엄마."

끝까지 책임을 다하셨던 안나회 회장으로서,

끝까지 아들을 일으켜 세우신 강하신 엄마로서,

끝까지 며느리에게 사랑을 남기신 시어머니로서,

끝까지 손주들을 사랑으로 다스렸던 할머니로서,

끝까지 딸에게 든든한 버팀목이 되신 엄마로서…

오열하는 자식들과 손주들을 뒤로하고 떠나신 분은 분명 좋은 곳, 하느님의 곁으로 가시리라 믿습니다.

레지오 장으로 하는 미사에 제가 해설을 맡게 되어서 참으로 기뻤습니다.

모니카 엄마의 마지막 가시는 길을 제가 장례미사로 장식을 할 수 있게 되어 감사했습니다.

'모니카 엄마, 꽃가마 타고 평화롭게 가시기를 기도드립니다. 내일 아침 미사 때 뵐게요.'

벗어야 하나
말아야 하나

성탄전야 자정미사 해설이 끝난 후, 입었던 한복을 갈아입으려고 탈의실에 들어갔습니다.

형제님이 가운을 갈아입고 있었습니다. 저는 아무 생각 없이 저고리를 벗고 있는데 옷을 갈아입던 형제님이 어찌할 바를 몰라 하기에 오히려 제가 미안해서 안심시키려고

"괜찮습니다. 추워서 겉옷 다 입은 상태로 한복 입었어요."

사실 오늘은 날씨가 몹시 추워서 스웨터와 바지를 모두 입은 상태에서 그 위에 한복을 입었기 때문에 저는 편하게 옷을 벗을 수 있었습니다. 그런데도 그 형제분은 미안해하며 등을 돌리며 나갔습니다. 헐.

그런데 그 괜찮은 맘은 제 맘뿐이었나 봅니다.

이어서 바지위에 입었던 속치마와 고쟁이를 마저 벗으려고 반쯤 내렸데, 로비에서 신자들과 인사를 마치신 신부님께서 들어오셨습니다.

“어? 자매님이 옷을 갈아입고 있네.”

“어머! 신부님, 아직 제의 안 벗으셨어요?”

하시며 신부님 역시 불편하시게 등 돌리시고 제의를 벗으십니다.

어정쩡한 폼으로 벗다 말고 서 있다가

‘에고, 벗어야 하나 말아야 하나?’

잠시 갈등을 하다가 에라 모르겠다. 속에 옷을 다 입었으니 그냥 벗자는 생각에 그래도 혹여 신부님 놀라실까 봐

“신부님, 추워서 겉옷을 다 입고 한복을 입었습니다.”

하고는 그냥 속치마와 고쟁이를 벗어 버렸습니다.

헉, 신부님도 미안해하시며 등 돌리고 나가셨습니다. 다른 때는 제의 먼저 벗으시고 인사하시더니만 어째서 오늘은 늦으셨나요.

뒤늦게 나온 독서자 자매와 전례단장이 쑥스럽게 웃으며,

“형님은 배짱도 좋으시네요.”

“그야 겉옷을 다 입고 있었으니까 벗었지. 신부님께서 늦게 오셨으니 벗다 만 모습 그대로 있기도 어정쩡하고 말이야. 그

게 나이 먹은 아줌마 배짱이야. 글쎄, 좀 기다릴 걸 그랬나? 그런데 신부님께서 불편하신 걸 아셨으면 여성 탈의실 하나쯤 마련해 주시겠지, 뭐."

조금만 기다리면 될 걸, 그새를 못 참고 벗어 버린 저도 좀 미안했지만 이미 벌어진 일이었음을 이해하시옵소서. 참고로, 본당 실정상 여성들은 좁은 화장실에서 한복을 갈아입어야 한다는 사실이옵니다.

추신: 그 후 신부님께서는 삼 층 아담한 방에 전례부 탈의실을 따로 마련해 주셨답니다!

또랑또랑한 목소리

오늘은 새벽미사 해설을 하는 날.

삼위일체 대축일의 새벽 주일미사를 마치고, 살랑살랑 부는 새벽바람을 벗 삼아 똑똑똑 구두 소리에 맞춰 흥얼거리며 상쾌하게 걸어가고 있는데 뒤에서 나는 소리.

"여보시오?"

깜짝 놀라 돌아다보니 미사를 마치고 올라가는 잘 아는 형님이었습니다.

"아, 안녕하세요?"

"어쩜 그렇게 또랑또랑하게 성경도 잘 읽어 그래?"

옆에 계시던 분이,

"그것도 다 타고나야 되는 거야. 아무나 할 수 있는 게 아냐."

"형님, 잘 들렸어요?"

"그럼! 아주 시원하게 또랑또랑 잘 들렸어."

"그렇게 좋게 생각해 주시니 고마워요."

칭찬은 고래도 춤추게 하듯이 제게도 덩실덩실 춤추게 하는 아주 고마운 칭찬이었답니다.

이런 칭찬을 들으면 아직 그만둘 때가 아닌가 보다 하는 생각이 들어 전례부를 떠나지 못하고 있습니다. 칭찬에 힘입어 자신 있게 전례에 임할 수 있기도 하고, 젊은 단원들에게 뒤지지 않으려고 많은 노력도 하고 있답니다.

이제 앞으로 삼 년만 더하고 나면 전례부를 떠납니다. 전례는 제게 있어 세상 살아가는 데 교만을 내려놓을 수 있도록 만들어 준 진솔한 사랑의 멘토였습니다.

삼 년 후면 제 나이 육십오 세가 되니 더 이상 잡지 말라고 후배들에게 약속도 미리 받아 놨습니다. 그래서 삼 년 후엔 미련 없이 전례부를 떠날 수 있습니다.

떠날 땐 아마도 많이 서운할겁니다.

희비로 엇갈린
뭉그러진 속

"언니, 유복이가 죽으려는가 봐. 그 좋아하는 술도 못 먹고 딸꾹질만 하는데 멈추지도 않아. 병원 가자는데도 말을 안 듣고 빼싹 말랐어."

"유복이…? 유복이가 누군데?"

"주아 할아버지~"

"주아 할아버지? 야, 그럼 네 남편이잖아."

"그려, 곡기 끊은 지 삼 일 됐어."

건강하신 분이라 그럴 리 없겠지만 남 얘기하듯 말하는 순간 웃음이 빵 터졌습니다. 그렇게 말하는 그녀의 속은 이미 새카맣게 타 뭉그러진 걸 잘 압니다.

"그래, 그래도 살아 있을 때 잘해 드려. 나중에 못해 준 것만 생각나서 후회 속에 산다."

저의 경험담을 얘기한 거였어요. 그런데 저도 웃고 있을 일이 아니었습니다.

"얘, 우리 엄마도 너무 안 좋아서 지금 병원 가려던 중이야. 그런데 어느 병원으로 가야 할지 모르겠어."

"언니, 새한병원 가. 나도 입원해 봤는데 괜찮은 것 같아. 언니, 기도 좀 해 줘. 나 좀 편하게~"

"그러자."

'에휴, 그런데 나도 내 코가 석자란다, 글라라야.'

자기 속도 팔팔 끓이면서 항상 남의 일도 걱정해 주는 그녀였습니다. 그리고 삼 일 후 월요일 아침, 그녀의 남편이 정말 세상을 떴다는 비보를 들었습니다.

"아, 정말? 웬일이니."

워낙 술을 좋아하시고 술로 세월을 보내시더니, 저와 동갑이신 그녀의 남편은 육십삼 세에 속절없이 하늘나라로 가셨네요. 육십 셋은 정말 아까운 나이지요.

술 드시는 것을 낙으로 삼으신 그분은 몸이 축나는 것도 모르고 늘 술기운으로 산다고 했습니다. 참고 참다 미울 땐 제발 술 좀 그만 먹으라고 싸우기도 하고, 소리라도 지르면 때리려고 해서 손녀를 들쳐 업고 나왔다고 말하는 그녀가 딱하기만 합니다.

집에 들어가기 싫다면서 우리 집에 있다가 늦게야 가곤 했습니다. 제가 해 주는 위로는 입에 바른 상투적인 말이라, 그녀에겐 씨알도 안 먹히고 도움도 안 되는 위로지요.

눈물 흘리며 넋두리 끝에, 귀신은 뭐하는지 모르겠다고 하네요. 그녀의 곪은 마음 이해하며 공감되는 말이었습니다. 그동안 남편으로 인한 그녀의 인생은 편한 날이 없는 벙어리 냉가슴이었습니다.

어제와 오늘, 영안실서 함께 지내 주었습니다. 세 명의 아들딸들이 짝을 지어 여섯 명으로 불어나 뻑적지근하게 많은 손님을 치르니 자식들 복에 보기 좋았습니다.

돌아가시기 전에 마엘과 강글이 조건대세를 주어 베드로라는 이름으로 하느님의 자녀가 되었습니다. 레지오 단원들의 연도를 한없이 받으셔서 연옥 벌은 면했을 겁니다.

자손들의 손님들이 끊임없이 찾아오셔서 절도 많이 받으셨으니, 하늘나라 가시는 명복의 길은 기도로 놓여 진 무지개의 길이라 즐거운 마음으로 가시면 좋겠습니다.

술로 보내신 속절없는 인생이 안타까웠지만, 아내와 자식들이 닦아 놓은 좋은 길이니 외롭지 않게 편안하게 기도소리 들리시면서 편히 쉬었다 가시기 바랍니다.

가족들이 알뜰하게 간직하고 있는 아파트 한 채가 대출용으로 들락날락거려 가족들의 애간장을 태우기도 하여 그녀는 엄청 속상해 했습니다.

그 귀한 개인택시를 옆에 두고도 일은 안 하시고, 가족들 몰래 집 대출받아 혼자 쓰는 일을 턱턱 저질러 놓으면, 가족들이 갚아야 하기에 그녀는 애를 태웠습니다.

존경하고 싶은 아버지에서 점점 멀어져 아버지의 위세를 떨칠 수가 없을 정도라서 자식들 보기에 너무 미안하다고 그녀는 말했습니다.

마지막 가고 난 후엔 개인택시로 대출받아 술로 한 세월 살다가 떠났다며 엄청 속 끓였던 글라라의 한숨은 끝도 없었습니다. 옆에서 지켜보는 저도 복례의 애간장 타는 모습에 같이 마음 아파했습니다.

"언니, 오늘 한바탕하고 나왔어. 나 죽고 싶어."

이렇게 속상한 넋두리를 하면 제 속도 부글부글 끓으면서하는 말은, 그녀를 속 터지게 하는 말이었습니다.

"그래도 잘해 드려라. 나중엔 잘못한 것만 생각나서 후회한다."

남의 일이기에 성인군자처럼 말해 주지만, 그런 소리 하는 저도 그녀의 남편이 엄청 밉습니다. 그렇다고 죽게 내버려 두

라고 할 수는 없잖아요.

여자들 속 터질 때 하는 소리들 있지요?

'귀신들은 뭐하나?'

자식들이 모두 직장 다니고 있어서 아들딸의 아이를 키워 주면서, 자식들이 주는 용돈 쓰는 것도 미안해서 돈을 함부로 못 쓰겠다고 하는 알뜰한 그녀였습니다.

남편이 해 주는 건 아무것도 없이 술에 찌들어 있어 뭐라 말 좀하면 욕하며 일만 저지르는 통에 속상하다고 넋두리하면서 착한 자식들 때문에 산다고 했습니다.

거기다가 웬 고물들을 주워다 놓는지 베란다가 고물상을 방불케 한다며 소리 지르고 싸워 보기도 했다는군요.

결국 속이 썩어 온몸이 병들었다며 제대로 걷기도 힘들다는 그녀의 한탄 섞인 소리는,

"언니, 애들이 이혼하래. 근데 이혼하면 그 인간 누가 거둬 줘? 그래서 애들이 집 등기를 내 앞으로 해 줬는데, 인간이 불쌍해서 이혼 안 하고 그냥 살려고…. 미우나 고우나 내 책임이니 내가 거둬야지, 어떡하겠어."

자식들에겐 면목 없다며 남편 얘기하면서 너무 속상해 눈물을 보일 때가 많았습니다.

겉으론 허허거리고 있으니 이러는 그녀의 썩어 뭉그러진 속

을 누가 알겠어요? 이웃에 가깝게 살고 있어 자주 보는 제 속도 같이 타 들어갔습니다.

물론 그녀의 남편 마음을 잘 모르지만, 그녀를 지켜본바 뭉그러진 속을 가슴에 담아 속 터지게 살고 있습니다.

속상한 넋두리를 자식들에게도 못하고 묻으려니 그녀의 오장육부가 쪼그라들은 마른 가슴속엔 아마도 까맣게 타고 재만 남았을 겁니다. 그 재에 성령의 불씨가 있어 살아난다면 그녀의 나머지 삶을 새롭게 살 수 있지 않을까 생각해 보았습니다.

술도 안 먹고, 춤도 안 추고, 노래방도 안 가고, 속 풀 데도 없는 그녀는 오로지 예쁜 손주들 봐주며 크는 낙으로 허허 웃으며 살고 있었습니다.

남들이 말합니다. 상주들이 울지를 않는다고…. 우는 것도 제 설움에 우는 건데 집집마다 다 사정이 있는 거지요. 그리고 요즘은 예전처럼 겉으로 울지 않고 속으로 많이 웁니다. 이미 살았을 때 많이 울었으니 죽어선 울음도 안 나올 수도 있고요.

"언니, 있으나 마나 한 남편이지만 어떻든 집에 들어가면 싸우더라도 있을 때가 좋았던 것 같은데, 이젠 혼자 집에 있으려면 무서워서 어떡하지? 큰일이네."

"너 벌써 네 남편 생각하는구나?"

덩치는 좋으면서 마음도 약하고 겁도 많고 정도 많은 그녀는 벌써부터 새로운 걱정을 합니다.

"복례야, 너와 내가 동지 삼아 남은 인생 재밌게 살아 보자."

그렇죠, 우리 여인들은 남편의 그늘을 필요로 합니다.

아픈 사람이라도 안방에 누워 있으면 나름 든든하다고들 하는데, 남편들은 이러한 아내들의 마음을 알지도 못합니다. 여자 말 잘 들으면 자다가도 떡이 나온다는데, 그녀의 남편은 부인의 말을 안 듣고 사셨습니다.

성당에서 장례미사를 드리고 벽제로 떠나는 차 안은 슬프지요. 연도를 바치며 도착한 시간과 화장하는 시간까지 한참 여유 있습니다. 때를 가리지 않고 시장기가 도는 것은 어쩔 수 없으니 산사람은 먹어야 합니다.

기사님이 데려다준 가까운 식당에서 간단하게 요기를 한 다음 벽제화장터로 갔더니, 마침맞게 화장 시간이 되었습니다. 잠시 기다렸다가 배정을 받은 십칠 번으로 들어가 화장이 시작되었습니다. 이때는 누구나 울게 되지요. 가족들은 물론 늘 옆에서 지켜보던 우리도 속절없이 살았던 그 분 삶의 끝을 봤으니 참으로 외롭고 쓸쓸하게 떠나갑니다. 떠나는 길은 누구나 외롭고 쓸쓸한 길이지만요.

한 시간 반을 기다려야 하는 동안은 이 층에 올라가 십칠 번

유가족 대기실에서 연도를 바치고 자비심기도를 바치며 하늘나라에 오르기를 기도하면서 그분을 잘 보내 드렸습니다. 교우들의 기도소리가 그분 가는 길이 꽃길 되어 행복하게 가셨으면 좋겠습니다.

뼈마디들이 분쇄기에서 갈아져 한 줌의 재가 되어 나오는 유골은 예쁜 항아리에 담아서 벽제 추모공원 '하늘 문'에 안치되었습니다. 자식들이 그녀의 자리까지 함께 마련해 준 하늘의 집이었네요. 오면서 그녀는 말했습니다.

"언니, 징글징글 원수 같은 영감인데 왜 잘못해 준 것만 생각나지?"

오늘부터 하늘 집에 사시는 그녀의 남편이, 이제부터라도 가족들을 보살피며 지켜 주기를 바라면서, 마지막 귀향길의 연도까지 글라라 집에 가서 바쳐 드렸습니다. 무섭다 하여 집안 곳곳에 성수를 뿌리면서 영원한 안식 주시길 주님께 청하며 그분을 맡겨 드렸습니다.

'주님, 베드로에게 영원한 안식을 주소서. 영원한 빛을 그에게 비추소서.'

남산 케이블카와 타워

남산에서 케이블카를 탄 적은 있었지만 타워에 올라가 본 적은 기억이 없는데 오늘 가 보니 참으로 새롭네요.

케이블카를 타고 남산 밑의 마을을 한눈에 보면서 천천히 올라갔습니다. 타워 올라가는 엘리베이터는 천장의 활동사진을 보는 한순간, 25초 만에 도착하여 내렸습니다.

어른들보다는 발랄한 젊은이들이 숨 쉬는 타워에는 또 다른 젊음의 생기가 넘쳐흐르고 있었습니다. 활기찬 젊은 관광객들과 어울리면서 타워 안을 한 바퀴 돌아보고는 식당 '한국'으로 내려갔습니다.

아직은 이른 시간이라 야경은 볼 수 없지만, 타워 안에 있는 한국에서 즐기는 저녁 만찬은 중년의 우아함이 필요합니다. 가격이 비싼 곳이기도 하지만, 야경을 보기 위해 해 질 때까지 기다리려면 최대한 우아하게 천천히 먹어야 했습니다.

다리아 씨 딸들과 사위의 마음이 보태진 오늘 저녁 만찬은, 엄마의 견진 세례식을 축하해 준 지인들에게 식사를 대접하는 자리였습니다.

예수님이 맺어 준 우리 여섯 명은 이렇게 좋은 자리에서 소담 나누며 아낌없이 즐거운 시간을 보낼 수 있었습니다.

해가 지면서 불야성 같은 야경이 서서히 보이기 시작합니다. 그 많던 건물은 어둠에 가려지고 하늘의 별빛 같은 은하수들이 저 멀리 땅 위에 펼쳐져 반짝이고 있습니다.

사월에 보았던 불야성 같은 홍콩의 야경도 아름다웠지만 역시나 한국의 야경은 정서적으로 아름다웠습니다.

그렇잖아도 며칠 전에 잘못 들은 소린지는 몰라도 남산의 케이블카가 없어진다는 뉴스를 보고서는 '아, 저 케이블카 없어지기 전에 한번 타 보고 싶다!'라는 생각이 있었는데 뜻하지 않게 며칠이 지난 오늘 소원을 이루게 되었습니다.

서울의 상징물인 남산의 케이블카와 타워!

어렸을 적 타보고는 어른 되어 타 보니 감개무량이었죠.

예수님이 맺어 준 다리아 씨에게 감사하며, 더불어 다리아 씨의 멋쟁이 딸·사위에게도 감사하네요!

어떻게
이런 말을

일요일 교중 미사에서 성경 마태오를 필사한 사람들에게 시상식이 있었습니다. 저도 열심히 필사하여 냈기에 시상식 대열에 올랐습니다.

상품은 성물 판매소에서 발행한 이만 원짜리 상품권이었습니다. 성서 쓰고 상품권 받고! 하~ 수지맞았습니다.

미사를 마치고 성경 쓰기 필사 노트를 찾으러 사무실에 갔습니다. 그런데 사무장이 제게 봉투 하나를 내밀면서 저를 힐끗 한번 쳐다보더니 고개를 돌리고 혼잣말처럼 하는 말을 들었습니다.

“이거 안 준다고 그 난리를 쳐….”

“응? 뭔 소리야? 난리를 치다니?”

"성탄 때 수고한 사람들한테만 준 건데 안 준다고 난리를 치는지, 이거 신부님이 주시는 거예요. 가져가세요."

얼굴도 안 쳐다보고 생뚱맞게 하는 요셉피나의 말에 어이가 없었습니다.

"난리라니? 이런 거야 그날의 기분 문제지. 지금 무슨 소용이 있어."

난리 친 적도 없는데, 돈 봉투 내밀며 난리 쳤다고 하는 소리를 들으니 수치스러움에 정말 어처구니가 없습니다.

그 자리엔 새로 부임해 오신 보좌신부님도 계셨는데, 들으시며 웃으십니다. 황당하고 부끄러운 마음으로 옆에 앉아 있는 사무원 야고보 형제님께 돈 봉투 돌려 드리면서,

"저 난리 친 적 없어요. 신부님께 반납해 주세요."

하고는 필사한 노트를 찾아 들고 나오는데, 수치스러운 말이 귀에 쟁쟁하게 울려 퍼지면서 기분이 영 안 좋았습니다.

생색내는 건 아니지만 특히 성탄 때는 구유부터 시작해서 성탄 꽃꽂이와 성탄을 지나 치우는 시간까지 마음고생 몸 고생을 얼마나 많이 하는데요….

'그렇담 성탄 때 고생한 우리는 뭐야?'

꽃꽂이는 성탄 때만 하는 게 아니라, 일 년 열두 달 매주 제대 앞에 하는 꽃꽂이입니다. 성탄절이라고 어쩌다 일 년에 한

번 그날 봉사한 단체들에겐 금일봉을 주시면서, 꽃꽂이 단체는 왜 안 주냐고 말한 제가 잘못이었는지요?

사무장에게 들었던 난리 쳤다는 이 말이 이십년 꽃 봉사 한 제겐 완전체 오점이었습니다.

물론 신부님께서 사무장에게 난리 치니 주라고 했겠지요. 그런데 난리 친 적도 없었거니와, 성탄 때면 구유꾸미고 꽃꽂이가 힘들다는 걸 아는 사람이 어떻게 이런 말을 할 수 있는지, 기가 막혔지요. 하, 참!

남들이 속상하다며 상처받았다고 얘기하면 주님의 이름으로 용서하라는 말을 해 왔는데, 이번엔 제가 그 상처로 마음이 많이 아파 왔습니다.

역시 주님의 이름으로 아물게 해야 하는데, 그녀의 말이 콕 박혀 빠지질 않네요. 지금껏 안 보고, 안 듣고, 말하지 않고 지낸 것처럼 상처받지 않으려면 앞으로의 봉사도 그렇게 지내며 저를 다스리려고 합니다.

그 이후 봉사는 봉사로 끝내자며 금전 유혹의 마음을 떨쳐버리기로 했습니다. 20년 동안 개근하며 사랑 부르는 제대 꽃꽂이 봉사가 이번 상처로 물거품이 되어 버려서는 안 되니까요. 그런데 또 생각나 속상합니다.

성탄절 이브 미사 끝에 양 신부님 손에 들려 있는 금일봉!

매년 성탄절 전야 미사 끝나면 그날 수고한 단체장들에게 주시러 다니시는 금일봉 몇 개의 하얀 봉투가 그날따라 처음으로 제 눈에 띄었습니다.

제 앞으로 지나시기에 꽂꽂이 팀도 당연히 주시는 줄 알고 두 손을 내밀었더니, 한번 힐끗 쳐다보시고는 그냥 지나쳐 가시니 한 순간 벙찜에 저의 신심을 어지럽혔네요.

두 손이 부끄럽고 마음이 부끄러웠던 일이었습니다.

며칠을 마음 아파하며 그 아픔을 없애려고 애먹었습니다.

정말 꽂꽂이 봉사 이십년 만에 다른 부서에 주는 흰 봉투를 보고는 엄청 서운하고 엄청 속상하고 엄청 슬펐습니다.

다음 날 담당 수녀님께 어제 서운했었던 제 마음을 메시지로 보내 드렸더니 예쁜 답이 왔습니다.

"많이 속상하셨겠네요. 하늘에 쌓았다고 생각하세요. 그래야 자매님 마음이 편하세요."

수녀님의 애틋한 말씀 듣고 기도했습니다.

'내 마음의 금일봉 사탄아, 물러가라! 우리 주 예수그리스도께로 가라. 그분이 너를 처지하시리라. 후욱~!'

이렇게 금일봉 사탄을 물리쳤습니다. 황당하고 수치스러웠던 그날의 금일봉 사탄을 물리치는 데 한동안 가슴이 저미도록 힘들었답니다.

인생의 허무함을 느끼며

소름이 끼치도록 인생의 허무함을 다시금 느끼는 순간이었습니다. 저녁때 전례회합이 있어 성당에 갔다가 우연히 만난 친구가 말합니다.

"아까 전화했는데 안 받던데?"

"버스 타고 치과 갔다 왔어. 핸드폰은 진동이었고. 왜 전화했는데?"

"글라라가 병원에 입원해 있잖아. 상태가 많이 안 좋아."

"어? 그제 통화했을 때 큰 병원에서 아픈 이유를 잡았다 하던데…. 오래도록 기침 많이 하더니 폐에 물이 찼다며?"

"그게 문제가 아니라, 머리부터 발끝까지 그리고 뼛속까지 암이 다 전이됐다는 거야."

"응? 암…? 그런 얘긴 없었는데, 무슨 말이야?"

"어제 정밀 검사에서 나타났다는 거야. 손을 댈 수가 없나 봐. 글라라는 아직 모르고 있어."

웬일입니까? 듣는 순간, 소름이 쫘악 끼쳤습니다.

지난달엔 새한병원에 한 달씩이나 입원을 했어도 이상 없다고 퇴원하여 집에 와 있었습니다. 기침이 계속 나와 밥을 먹으면 토를 하는 바람에 먹지 못해 기운이 없다고 했습니다.

며칠 전에 복례에게 전화를 했습니다.

"오늘 우리 집에 와. 따끈한 밥해 줄게."

"나 지금 밖에 나와 있는데 애들이 집에 온데요. 큰딸이 애기를 낳았어도 내 몸이 이러니 병원이고 산후조리원이고 가 보지도 못했어. 언니, 다리가 부어서 걷기도 힘들어. 언니는 절대 손주들 봐주지 마. 언니가 건강해야 해. 알았지?"

"그러게, 그래야겠다. 그럼 시간 날 때 연락하고 와라."

그 이후 엊그제 또다시 통화했습니다.

"기침이 멈추지 않고 먹지도 못해, 너무 힘들어서 서울대병원에 왔더니 폐에 물이 찼대. 치료받으니까 이제야 기침이 좀 멎어서 살 것 같아. 언니도 건강 잘 챙겨. 알았지? 내 건강은 내가 챙겨야 해."

"그래. 병명을 알았으니 참으로 다행이다. 치료 잘 받고 나와!"

이렇게 내 걱정까지 해 주는 글라라와 대화를 나눴었는데, 오늘 친구를 통해 들은 급작스런 소식에 너무 놀라 온몸의 힘이 쏙 빠져나가 버렸습니다.

그러고 보니 생각납니다.

오래전 오륙 년 전부턴가? 글라라가 어느 날은 쓰러졌었다며 미아역 쪽 작은 병원에 입원했습니다.

또 어느 날은 어지럽다고 새한병원에 입원했다고 알려 왔고요. 병문안 가서 노닥거리다가 그녀의 침대에 누워 잠시 눈 좀 붙였다가 목동 매점으로 출근한 적도 있었습니다.

작지도 않은 큰 덩치로 잔병치레가 잦았으나 병원에선 이상이 없다고 합니다. 그녀는 손주 보느라 힘들어서 그런가 보다 하고 물리치료를 받으며 열심히 건강을 챙겼습니다.

작년엔 치아가 흔들린다며 한꺼번에 여러 개를 빼내고 임플란트를 하는 중이라면서 입 주위에 멍이 잔뜩 들어 한 여름인데도 마스크를 쓰고 다녔습니다.

“언니도 치아 잘 가꿔야 해. 나 봐, 이렇게 개고생하고 있잖아.”

하며 저의 건강을 걱정해 주기도 했습니다.

이제 생각해 보니 정밀검사를 안 해 봐서 몰랐을 뿐, 최근 몇 년 사이에 아프다는 소리를 입에 달고 살았습니다.

손주들 보느라 힘들었을 거라 했지만, 지금 생각해 보면 아마도 오륙 년 전 잔병치레하던 그 시점이 암 발병이 시작되던 때가 아니었을까 하는 생각이 드네요.

올 유월에 성당 노인대학 캠프에 가서도 기침은 멈추지 않았습니다. 열도 많이 나고 온몸이 너무 아파서 감기몸살이 심한 거라고 했는데, 그게 모두 암 때문이었나 봅니다.

우리 싱글들 건강 잘 챙기자고 입버릇처럼 하더니….

'글라라야, 어떡하니? 어떡하면 좋아, 이것아. 내 가슴도 답답하여 미어지는구나. 네 남편 보낸 지 이 년뿐이 안 됐잖아. 그런데 왜 네가 이 지경이 된 거야? 이제 좀 편해지려나 보다 했건만…. 이 바보 멍청이 복례야!'

복례야,
이겨 내야 해

정밀검사 후 주치의 선생님이 암이라고 알려 주었을 때 그녀는 많이 놀랐을 겁니다. 우리도 미리 알고 엄청 놀랐는데 본인은 청천벽력이었겠지요!

"처음엔 속상하고 울고 싶었는데 시간이 흐름에 따라 덤덤해지더라. 언니, 언제 죽을지 모르지만 치료 열심히 받으면 운 좋으면 살 거고, 운 나쁘면 죽겠지. 해 보는 데까지 해 보려고 해."

"그래, 지금 시작이니 좋아질 거야. 퇴원해서 움직일 수 있고 걷는 데 지장 없으면 나하고 관광이나 다니며 여기저기 유람하자."

"그래, 언니. 그런데 난 너무 억울해. 지금껏 열심히 살았는데 내가 왜 이래야 하는 거야? 원수 같은 인간이 왜 나한테 이런 병을 주고 간 건지…. 그 인간이 끝까지 내 속을 썩이고 있어."

애끓는 그녀의 속내는 이렇게 처참했습니다.

병원에서 하룻밤을 지새워 주기로 하고, 병간호하고 있는 딸 주영이를 집에 들여보내며 쉬고 오라 했습니다. 복례와 둘이 있으면서 딸들에게 하지 못하는 말을 제게 뱉어 내며 가슴 저미는 눈물을 흘리는데, 제 마음도 아파 같이 눈물이 났네요. 누우면 기침이 더 나고, 시술한 자리가 아프고 불편해서 긴 쿠션을 무릎에 바치고 앉아 고개 떨구며 졸고 있는 모습이 참으로 딱했습니다.

제가 있으면 불편할 것 같아 그렇게라도 자라고 저는 병원 복도를 돌아다니다 오곤 했지만, 복례는 기침 때문에 긴 잠을 잘 수가 없었습니다. 한밤중이라 모두가 잠든 밤 그녀는 수시로 기침하느라 잠을 못 자고 있는데, 그 와중에 저는 순간순간 잠을 자고 있었습니다. 알고 보니 기침할 때마다 제가 잠을 깬다고, 오히려 환자가 나가서 기침을 하고 들어 왔다고 하네요.

참, 이런 것도 모르고 저는 잠을 잤으니…!

다음 날 열 시경 주영이가 와서 교대해 주어 병원 문을 나왔습니다. 복례가 운동 삼아 밖에까지 따라 나오면서 하는 말이 애잔했습니다.

"내가 언니들을 빠이빠이~ 보내고, 여기 혼자 남아 있을 줄 누가 알았겠어. 언니들 보내고 돌아서서 들어갈 때는 슬퍼져."

그 말이 왜 그리도 마음에 와 닿는지, 돌아서는 제 가슴이 몹시 울컥하여 복례 모르게 눈시울 적셨습니다.

'복례야, 이겨 내야 한다. 꼭!'

한 줌의 재로

육중했던 너의 체구가 한 줌의 재로 나와 통에 담기는 모습을 봤어. 안타까워하며 슬프게 떠났던 네 모습이 생각나 뜨거운 눈시울을 적셔 본다.

이 년 전에 남편으로부터 해방되어 자유를 얻었다며 좋아했는데…. 이제야 삶의 애착으로 재밌는 세상을 살려고 했었는데…. 여행은 한 번도 가보지도 못하고...

가족들을 두고 친구들을 두고 성당 동생들과 언니들을 두고 분명 떠나기 싫었을 테지만, 네 의지와는 다르게 어쩔 수 없이 떠나야 하는 네 모습이 참으로 마음 아프다. 어찌 그토록 병이 깊어지는데도 몰랐던 거니?

넌 이담에 늙어서 자식들한테 손 벌리지 않고, 구박받지 않고 잘 써야 한다며, 돈이 있어도 써 보지도 않고 움켜쥐고 있었잖아. 병명도 모르는 악마가 엄습해 오고 있건만, 움켜쥐고 있는 돈으로도 살아나지 못했으니 말이다.

이담의 행복이 무슨 소용이었니? 돈의 행복은 멀리 있는 것이 아니라, 지금 이 순간 필요한 때에 쓸 수 있는 것이 행복이라는 것을, 복례야 너를 통해 실감하고 있단다.

어느 날 너를 위해 병원에서 하룻밤으로 네 곁을 지켜 준 것이 네게 있어 그날의 행복이었다면 좋겠구나.

"언니, 언니가 같이 있어 줘서 좋다. 언니, 고마워. 누가 날 위해 밤새워 주겠어? 고마워, 언니. 정말 고마워."

그래, 넌 좋아하며 고맙다고 했어. 하룻밤의 만리장성이 너를 보내는 내게 위로가 되었구나.

복례야! 너야 말로 이렇게 속절없이 가버리는구나.

우리가 너의 마지막 가는 길을 함께 기도해 주고 있어서 외롭지 않을 거야. 오히려 네가 우리와 함께 있으면서 웃음을 주었던 너의 모습이 더 그리워지고 있어 벌써 보고 싶네. 그 길이 관광 떠나는 길이라 생각 하고 웃어보렴.

우리들이 함께했던 기도와 웃음들이 네가 가는 길에 꽃길을 펼쳐 너의 외로움과 쓸쓸함을 위로해 줄 수 있다면 좋겠구나! 우리들의 웃음꽃다발로 네 마음 즐겁게 해 줄게.

"언니, 돈은 꼭 쥐고 있다가 자식들에겐 남는 거 주고 언니 원대로 쓰고 가. 언니나 나 같은 과부한테는 돈이 필요한 거야. 돈 있어야 자식들한테도 대우받아."

"알았어, 돈은 없지만 내 집만큼은 꼭 쥐고 있을게."

"언니는 착하니까 내가 잔소리해 주는 거야. 난 언니를 제일 좋아하거든. 나니까 이런 소리 해 주지, 누가 해 주겠어? 안 그래?"

"그래그래, 고맙다. 복례야!"

동생이면서도 언니처럼 언제나 잔소리하며 나를 위해 걱정해 주던 복례는 이제 제 곁에 없습니다. 그녀의 남편 곁에 나란히 놓인 그녀의 항아리를 보면서 벌써 그녀의 깨알 같은 잔소리가 그리워집니다.

복례야! 이 년 동안 짧디짧은 자유로움을 누리다가 그새를 못 참고 찾아간 네 남편과 이제라도 도란도란 행복한 시간 보내렴. 결국 유람은 네 남편 곁으로 가버렸구나.

복례야, 원수 같던 남편이지만 같이 있으니 무섭지 않지? 설마 거기서도 지지고 볶고 하니? 그래, 그렇게 싸우면서 정 드는 거란다.

글라라보다는 복례라는 이름이 떨칠 수 없이 친근하게 다가오는구나. 복례야, 내 안에 너 있나 봐!

공주 언니와 예쁜 사람들

제게는 아주 즐겁게 다락방 봉사를 하면서 만난 사람들이 있습니다. 안젤라 언니, 모니카, 요안나, 릿다, 율리안나, 철열, 고요한,….

율리안나 씨는 나보다 한 살 위지만 노래에 대한 열정도 대단하면서 얼굴도 동안이요 마음도 동심이라 늘 동생 같았어요.

여기에 안젤라 형님은 저보다 다섯 살이 위지만 말하는 모습도 야무지고 표현하는 모습도 예쁘게 해서 공주 언니랍니다.

이분들은 언제나 말없이 다락방의 협조자로서 바라봐 주는 늘 신선하고 예쁜 동생들과 언니이지요. 다락방 봉사를 하면서 성모님께서 맺어 주셨기에 허물없이 그립고 허물없이 사랑스런 형제자매가 되었답니다.

그런데 안젤라 언니의 건강이 아주 많이 안 좋아져서 병문안 가자고 카톡에 올렸더니 모두 가겠다고 답이 왔습니다. 올해가 칠십인 형님은 그사이 위험했던 고비가 몇 번 있어서 병자성사를 두 번이나 받았다고 합니다.

작년 칠월에 실버타운으로 병문안 갔을 땐, 건강이 회복 되어 잘 지내는 모습을 보고는 서로 좋아하면서 언제 또 보자는 날짜 없는 기약을 하면서 헤어졌었습니다.

그동안 각자 바쁜 생활로 소식이 없었다가 일 년이 지난 오늘, 안젤라 언니가 오늘내일한다는 갑작스런 소식에 깜짝 놀랐습니다.

예수님 안에서 성모님 안에서 맺어진 우리들은 언제나 동심의 마음으로 모든 걸 긍정적으로 바라보고 마음씨도 곱지요. 봉사하면서 기뻐했고, 만나면 반갑다고 좋아했습니다. 오로지 예수님 성모님의 손잡고 살아온 아들딸로서 행복하게 봉사하며 지내왔습니다.

공주 언니의 마지막 얼굴을 보기 위해 오늘 릿다랑 모니카랑 요안나랑 병문안을 가기로 했으니 사랑스런 동생들을 오랜만에 곧 만날 겁니다.

율리안나 씨는 병가 중이라 오늘은 못 나오지만 우리는 언제나 소식 없이 각자 잘 살고 있다가 이렇게 카톡방으로 소식이 들어오면 이유 불문하고 번개팅으로 뭉치고 있는 옛 다락방 봉사자들이랍니다.

어제 동대문에 있는 동부시립병원 로비에서 모두들 반갑게 만나 병실을 찾았더니, 헉!

머리카락은 다 없어지고, 코에 산소 줄 꽂고, 말도 못하고, 자그마한 몸은 옆으로 누워 있는데 그나마 오늘은 눈이라도 뜨고 있다 하네요.

우리들 왔다는 소리에 뭔가를 표현하려는 느낌을 받았지만 전혀 미동을 할 수 없었으니 안타깝기 그지없었습니다. 숨소리가 점점 약해지는 걸 보니 오늘이 고비인 것 같기도 합니다.

쾌유하게 해 달라는 기도는 나오지 않아 예수님 곁으로 편안히 가도록 기도를 드리면서, 오늘이 마지막 얼굴을 보는 게 아닐까라는 생각에 참 잘 왔다는 생각이 들었습니다. 아마도 성모님께서 지켜보고 계시리라 믿습니다.

병실을 나와 병원 앞에서 사랑하는 동생들과 간단히 쓸쓸한 점심을 먹고 헤어졌습니다. 당연히 입맛이 없어 밥 먹을 기분은 아니었지만 오랜만에 만났기에 회포라도 풀기 위해서였지요. 모두들 옛 생각에 마음들이 아팠습니다.

그동안 제 몸도 성치 않은 모니카가 성산동 먼 곳에서 동대문 시립병원을 매일 몇 번씩 오가며 돌보느라 많은 수고를 하고 있었네요.

오늘 아침에 눈을 뜨니 카톡이 들어와 있습니다.

새벽 세 시경 안젤라 언니가 임종했다는 소식이….

아, 어제 본 것이 정말 마지막 모습이었습니다.

중대병원 영안실로 옮겨져서 일요일 저녁 여덟 시에 모이자는 소식을 띄우니 모두가 오겠답니다. 이렇게 예쁜 사람들이랍니다.

오늘은 일요일이라 교중미사 드리고, 지구 꼬미시움 월 회합한 후, 집에서 잠시 쉬다 갔으니 병원 영안실 입구에서 반가운 얼굴들이 모였습니다. 요안나, 고요한, 철열, 누갈다, 사비나 형님까지 만나 영안실로 들어갔습니다.

오늘도 수고하고 있는 모니카를 만나 안내받아 연도 바치면서 안젤라 언니의 영정사진을 보니, 참 예쁜 얼굴로 우리를 보고 빙그레 웃고 있네요. 역시나 우아한 공주 언니의 모습이었습니다.

다락방 성모님이 천국의 문을 열어 주시면, 안젤라 형님은 하늘나라에 들어가서도 열정을 다하여 다락방을 시작하지 않으실까 생각하면서, 곽광자 안젤라 언니의 명복을 빕니다.

'공주 안젤라 언니, 잘 가세요!'

아차, 봉헌금

봉헌 시간이 되어 앞사람을 따라서 일어나 나갔습니다.

앞에까지 무심코 나갔는데, 사람들이 봉헌 통에 헌금을 넣고 있습니다.

'아차, 봉헌금! 지금이 봉헌 시간이었나?'

무의식중에 나가는 저의 발길은, 성체 모시러 나가는 마음이었기에 예쁘게 합장한 손안엔 헌금이 들어 있지 않았습니다. 이미 제대 앞의 헌금 통 앞이라 되돌아갈 수도 없는 상황이었죠. 합장한 두 손을 모은 채 점잖게 봉헌 통에 그대로 살짝 넣었다가 뺐습니다. 뜨끔했습니다.

'아무도 모르겠지?'

죄지은 것처럼 귓불이 따갑고 뒤통수가 뜨겁습니다.

십자가의 매달리신 예수님이 허탈하게 웃으시는 것 같았습니다. 저 역시 들어가면서 기막혀 실없이 맥 빠진 웃음이 나왔습니다.

'뭔 일이람? 미치겠네.'

무의식적인 행동이 저를 멍청하게 만들었습니다.

미사보 주머니 아래 숨어서 빛 볼 때를 기다리고 있던 파란 잎의 헌금을 다시 주머니 속으로 슬그머니 집어넣으며 예수님께 죄송했습니다.

'오늘 왜 이런 일이 생겼을까?'

전례부를 정식으로 은퇴한 지 팔 개월 쯤 지났습니다.

그런데 이번 주 목요일에 있을 추석 명절에 해설 부탁이 들어왔습니다.

은퇴 전에 전례를 할 때도 명절에는 젊은 부원들이 시댁에 가야 하므로, 시간이 자유로운 제가 명절미사의 해설을 거의 맡아 했었습니다.

이번엔 제가 은퇴한 후, 첫 한가위를 맞았습니다.

교중미사에 해설자가 없어 대략 난감하여, 신부님 허락하에 제게 부탁이 들어왔기에 변화된 부분을 체크해 봐야 했습니다.

그래서 오늘 주일미사에 참석하여 미사 전에 해야 할 멘트와 시간 체크를 메모하는 데만 신경 쓰고 있다가, 옆 사람이 나가시기에 성체 모시는 시간인 줄 알고 무심코 두 손 합장하고 경건하게 따라 나갔더니 헌금봉헌 시간이었습니다. 엄청 황당했지요.

몇 년 전에도 헌금 시간에 빈손으로 나갔던 적이 있었는데, 오늘 또 이런 일이 생겼네요. 그러나 이번엔 합장한 빈손이라도 헌금 통 안에 살짝 들어갔다 나왔으니 뒷사람은 모를 겁니다.

허 참, 육십 넘어서 벌써 두 번째였습니다.

'예수님, 죄송합니다. 헌금은 못 했어도 복은 주셔야 합니다. 제가 예수님을 웃겨 드렸잖아요.^^'

글을 마치며

오래된 습작부터 최근의 습작까지 읽어 보니 참 많은 사연이 있었습니다.

한동안 잊고 지냈던 케케묵었던 글도 이번에 꺼내어 보니 새삼스럽고, 충실히 살아온 시간들이 지금의 저를 있게 만들어 준 것 같습니다.

뒤늦게 저의 달란트를 발견했기에 인생을 재창조하면서 즐겁고 신나는 삶을 적절히 잘 살아왔네요.

열정적으로 칠십까지 살아온 시간 안에 에너지가 방전되지 않도록 아름다운 황혼을 꿈꾸는 저의 흔적을 볼 수 있었기에 제 인생의 신기루였습니다.

하느님 안에서 봉사하는 기쁨과 슬픔도 있었고, 학생들과의 얽힌 동심의 사연도 제게 희망을 주는 삶이었고, 친구들을 일찍 떠나보낸 가슴 아픈 슬픔도 있어 롤러코스터를 타는 삶이었습니다.

또한 팔 년간 나의 분신이었던 지하철을 타고 다니면서 잠으로 채웠던 순간들이 저를 건강으로 이끄는 사랑을 주기도 했습니다.

눈만 감고 졸지는 말아야지 하다가도 어느 날은 환승역을 지나치기도 했고, 옆의 젊은 남자 어깨로 제 머리가 몇 번 쓰러지도록 졸다 보면 손가락 하나로 제 머리를 몇 번 밀어내는 일도 있었습니다.

그럴 땐 엄청 미안하고 창피했습니다. 그래서 졸면 안 되겠다 싶어 다음 날부턴 책을 읽으며 다녔습니다.

그 후 어느 날, 책을 읽고 다니던 때에, 제 옆에 앉은 젊은이가 제 어깨로 머리를 떨구며 열심히 졸고 있었습니다. 저는 밀치지 않고 그대로 두었습니다.

'얼마나 졸리면….'

남들이 보고나 말거나 내버려 두었습니다.

본인이 놀라 깨면서 자세를 고쳐 앉지만 또다시 제 어깨로 쓰러집니다. 제 아들 같은 젊은이여서 이 아줌마는 제가 졸던 때를 생각하여 그 친구가 내릴 때까지 어깨를 빌려주었습니다.

저보다 먼저 내리는 젊은인 깜짝 놀라 일어나며 '미안합니다.' 인사하고 급히 내렸습니다. 정말 미안했겠지요. 그 젊은이가 나보다 늦게 내리면 어쩌나 걱정했는데 저보다 먼저 내렸기에 다행이었습니다.

그때 밀쳐 내지 않은 제 자신을 사랑했습니다. 지하철은 저를 잠자게도 했고, 책을 읽게도 했고, 어깨를 빌려주기도 했던 고마운 교통수단의 하느님이었답니다.

이러한 삶들이 얽힌 사연들을 엮어서 칠순 고희의 할머니가 되어서야 책을 만들어 보겠다는 열정이 생겨났습니다.

'그동안 이 나이 되도록 나는 뭘 하고 살았을까?'

마지막까지 인생을 자책하지 않는 삶을 위해 이 글을 잘 익은 열매라 생각하고, 햇빛을 보게 하고자 한 글 한 글 모아 두었던 습작들을 작품으로 태어나게 하여 세상에 펼쳤습니다. 부족하더라도 잘했다고 격려해 주시면 감사하겠습니다.